わかる! 取り組む!

新・災害と防災

2 津波

帝国書院

はじめに

2011年3月、東日本を大きな地震と津波が襲い、東北地方の太平洋沿岸部は壊滅的な被害を受け、多くの犠牲者を出しました。日本ではその後もさまざまな自然災害が発生しましたが、近年においても平成30年7月豪雨(2018年)、令和元年東日本台風(2019年)、令和2年7月豪雨(2020年)など、毎年のように大きな水害が発生しています。また、冬期には交通機関がストップするような大雪があり、気象災害は激しさを増しています。そして南海トラフ巨大地震や首都直下地震など、遠くない将来に発生が心配される大きな地震や津波もあります。この本の発刊直前には、令和6年能登半島地震(2024年)が発生しました。

私たちが暮らす日本では、これまでも大きな自然災害の発生と被害からの復興を繰り返しながら生活してきました。もはや、自然災害は自分には関係ないこととはいえず、いつか起こることとして考えるべき状況といえるでしょう。では、災害が起こったときにどうしたら生きのびることができるでしょうか。被害を最小限にとどめることができるのでしょうか。もし本当に災害にあってしまったら、私たちはどうしたらよいのでしょうか。

古来、日本人がどのように自然災害と向き合い、乗り越えてきたのかを先人から学ぶことは、その手がかりの一つとなることでしょう。しかし、科学技術がどれほど発達しても、災害を引き起こす自然現象を正確に予知することは難しく、ましてやそうした自然現象自体を止めることは不可能です。この事実を受け止めたとき、重要なのは私たち一人ひとりの考えと行動です。今回新たに発行された『わかる！ 取り組む！ 新・災害と防災』は、過去に起こった災害の記憶や教訓を風化させることなく、読者のみなさんが「自分ごと」として取り組むことを目指しています。自然災害を正しく理解し、みなさん一人ひとりの防災に対する見方・考え方を育んでほしいと願っています。

さあ、私たちの未来のためにページをめくってみましょう。

2024年1月　帝国書院編集部

本書の使い方

本の構成

基礎	→	事例	→	対策

基礎
災害が起こるしくみを
わかりやすく解説しています。

事例
どのような災害・被害が起こったのか、
具体的に紹介しています。

対策
災害からの被害を防ぐにはどうすればよ
いか、解説しています。また、各地で行
われている実践例も紹介しています。

ページの構成

災害のようすを
表すわかりやす
い写真などを掲
載しています。

本文に関する
地図や図版を
多数掲載して
います。

本文で取り上げ
なかったトピッ
クをコラムとし
て紹介していま
す。
ほかにも歴史や
教訓を紹介する
コラムを多数掲
載しています。

関連するページ
が書いてありま
す。あわせて読
んでみましょう。

その他

東日本大震災を語る
災害を体験した方々の「声」
を多数紹介しています。

クローズアップ
災害を乗りこえてきた人々
の具体的な生活や活動を
紹介しています。

アクティビティ
本巻で得た知識をもとに
して実際に災害が起こった
ことを想定し、自分ならそ
のときどのような行動をと
るか作業をしながら考える
ページです。

「クロスロード」に
挑戦！
災害時、判断が
分かれる場面で
自分ならどう行
動するのか考え
てみましょう。

もくじ

※各ページの「ここも見てみよう」の㊒は用語解説を参照。

『新・災害と防災』 ほかの巻のもくじ

◀ **がれきだらけの通学路**
（宮城県 山元町 2011年3月30日）
がれきをよけただけの道路を下校する中学生。約3週間たっても津波の傷あとは消えず、変わり果てた町がどこまでも広がっている。中学校が避難所となり、体育館や教室には地域の人が生活していたので、当時、学校再開のめどは立っていなかった。この日は先生の離任式のため、久々の登校日となった。

東北地方を襲った津波
ー東日本大震災ー

◀ 津波に飲まれる町を高台からぼう然と見つめる住民たち(岩手県 釜石市 2011年3月11日)

〈岩手県建設業協会/出典:東北地方整備局〉

津波には想像をはるかに超えた破壊力があり、あっという間に町を飲み込んでしまった。命からがらに高台へ避難した住民たちは、家族と楽しく暮らしたわが家が流されているのをなす術もなく見つめるしかなかった。津波は多くの人の命、財産、思い出を一瞬にして奪い去った。

日和山

南浜・門脇地区

旧北上川

▶ 津波に襲われた宮城県石巻市
　被災直後(上、2011年4月)
　被災12年後(下、2023年9月)
牡鹿半島に囲まれるように仙台湾の奥に位置する石巻市の中心市街地。東日本大震災での大津波は、過去に津波被害の経験があまりなかったこの地域にも襲いかかった。津波は旧北上川をさかのぼり、内陸の市街地深くまで浸入した。日和山より海側の南浜・門脇地区は6〜7mの津波によってほとんどの住宅が流され、壊滅状態となった。今後、その場所には住宅を建てないことが決まり、石巻南浜津波復興祈念公園として整備された。

ここも見てみよう

東日本大震災 ➡ p.14−27、44−45

① 津波を知る

▲陸にかけ上がる津波（宮城県 仙台平野 2011年3月11日）

繰り返されてきた津波災害

沿岸に被害を及ぼすおそろしい津波

——沖合いから近づいてきた水の壁は、沿岸の防潮林や堤防をやすやすと越えて一気に陸にかけ上がった。どす黒い波が、何台もの車やトラックを巻き込み、電柱や木々をなぎ倒し、家々を丸ごと押し流し、その勢いをとめることなく沿岸の町を飲み込んでいった——これは、仙台平野を津波が襲ったときの光景です。

2011年3月11日、東北地方太平洋沖地震によって東日本大震災が発生し、沿岸各地の人々は、大津波のおそろしさを目のあたりにすることとなりました。仙台平野では、地震発生から約1時間後に10mを超える津波が到達し、その1時間後には海岸線から5kmも離れた内陸まで達しました。その後、波は一度引いたものの、第2波、第3波と何度も襲来し、約2日間、津波警報・注意報が解除されることはありませんでした。津波の影響を強く受けた地域は東日本の太平洋側でしたが、その一部は太平洋をわたり、ハワイ諸島やアメリカ西海岸、さらには遠く南米のチリまで到達しています。

津波は沿岸に被害をもたらしますが、海から離れた地域に住む人であっても、旅行や仕事で海辺に行くこともあるため、他人ごとですむものではありません。例えば、1983年に発生した日本海中部地震の犠牲者の多くは、旅行客や釣り客、沿岸工事に従事していた人たちであり、秋田県の男鹿半島では山間部から遠足に来ていた小学生13人が尊い命を亡くしています。日本人であれば、「津波」という言葉を知らない人はいないでしょう。しかし、どのような性質の災害なのか、どのように逃げればよいのか、さらにはどのような備えが必要なのか、津波に対する知識は十分に備わっていないようです。私たち一人ひとりが津波について、命を守り被害にあわない方法について、よく理解しておくことが重要です。

日本における津波災害の歴史

津波は、洪水や地震などと比べてひんぱんに起こらないため、過去の災害の経験や教訓が生かされにくく、忘れた頃に発生しては、何度も繰り返し被害を出してきました。そのため、日本近海で発生した津波については、科学的な研究に加え、過去の古文書や歴史書なども参考に、発生時期や場所、その被害の様相が明らかにされてきて

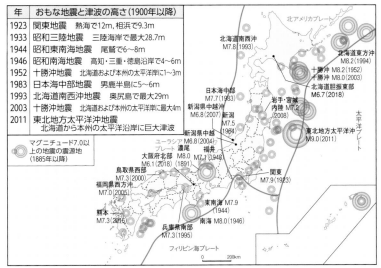

年	おもな地震と津波の高さ(1900年以降)
1923	関東地震　熱海で12m、相模で9.3m
1933	昭和三陸地震　三陸海岸で最大28.7m
1944	昭和東南海地震　尾鷲で6～8m
1946	昭和南海地震　高知・三重・徳島沿岸で4～6m
1952	十勝沖地震　北海道および本州の太平洋沿岸で1～3m
1983	日本海中部地震　男鹿半島に5～6m
1993	北海道南西沖地震　奥尻島で最大29m
2003	十勝沖地震　北海道および本州の太平洋沿岸に最大4m
2011	東北地方太平洋沖地震　北海道から本州の太平洋沿岸に巨大津波

▲過去のおもな地震と津波(気象庁資料、理科年表ほか)

▲昭和三陸地震による津波で陸に打ち上げられた大型船
(岩手県 宮古市 1933年3月3日)

います。

　まず、2011年の東北地方太平洋沖地震の震源域となった三陸沖や宮城県沖は、世界屈指の地震津波の多発域となっています。過去にも、869年貞観地震、1611年慶長奥州地震、1896年明治三陸地震、1933年昭和三陸地震などが発生しています。このうち明治三陸地震では、地震のゆれが小さいにもかかわらず大きな津波が不意打ちで夜の村々を襲い、東日本大震災以上の数の犠牲者が出ました。その約40年後の昭和三陸地震では、明治での経験が生かされたものの、津波がもたらした被害は大きいものでした。

　さらに、静岡県～九州沖の東海・南海域では、マグニチュード8クラスの巨大地震と津波が100～150年の間隔で発生していることがわかっています。過去、1605年慶長地震、1707年宝永地震、1854年安政東海・安政南海地震、1944年昭和東南海地震、1946年昭和南海地震などが津波を繰り返し引き起こしてきました。この地域では、震源域が沿岸に近いまたは一部陸地の下に重なるため、ゆれが生じてから津波の第1波が到達するまでの時間が、非常に短いことが特徴的です。また、東京・名古屋・大阪をはじめ、日本のなかでも人口が集中している地域にあたるため影響も大きく、次に起こる地震と津波が警戒されています。

　このほかにも、北海道東部や南関東、九州～南西諸島などの太平洋側、日本海での東縁部で、過去に地震と津波による被害が発生しています。

日本海側で発生する津波

　日本周辺で発生する津波は、特に太平洋側で頻度と規模が大きいが、日本海側(東縁部)でも発生している。過去50年あまりをふり返ると、1964年新潟地震(M7.5)、1983年日本海中部地震(M7.7)、1993年北海道南西沖地震(M7.8)が連続して津波を引き起こしている。日本海側の海底には、ほぼ垂直に近い断層が多く、それが高くつき出すようにずれて地震が発生するため、太平洋側の海溝型地震と比べて地震の規模のわりには津波の高さが2倍程度になる傾向がある。さらに、日本海側で発生した津波は沿岸への到達時間が早く、しかも、継続時間が長いことが知られている。

　北海道南西沖地震では、地震から2～3分で津波が奥尻島を襲った。津波警報が出る前のできごとであり、津波の高さは最大29mにも及んだ。夜の午後10時過ぎで寝ている人も多く、海のようすも見えなかったため、沿岸の集落は一瞬にして壊滅してしまった。

▲津波に襲われた奥尻島
(北海道 1993年7月)

ここも見てみよう　防潮林➡p.52[用]、東日本大震災(東北地方太平洋沖地震)➡p.14−27、津波警報・注意報➡p.38−39、東海・南海域の津波➡p.28−33、日本海側の地震➡1巻p.13

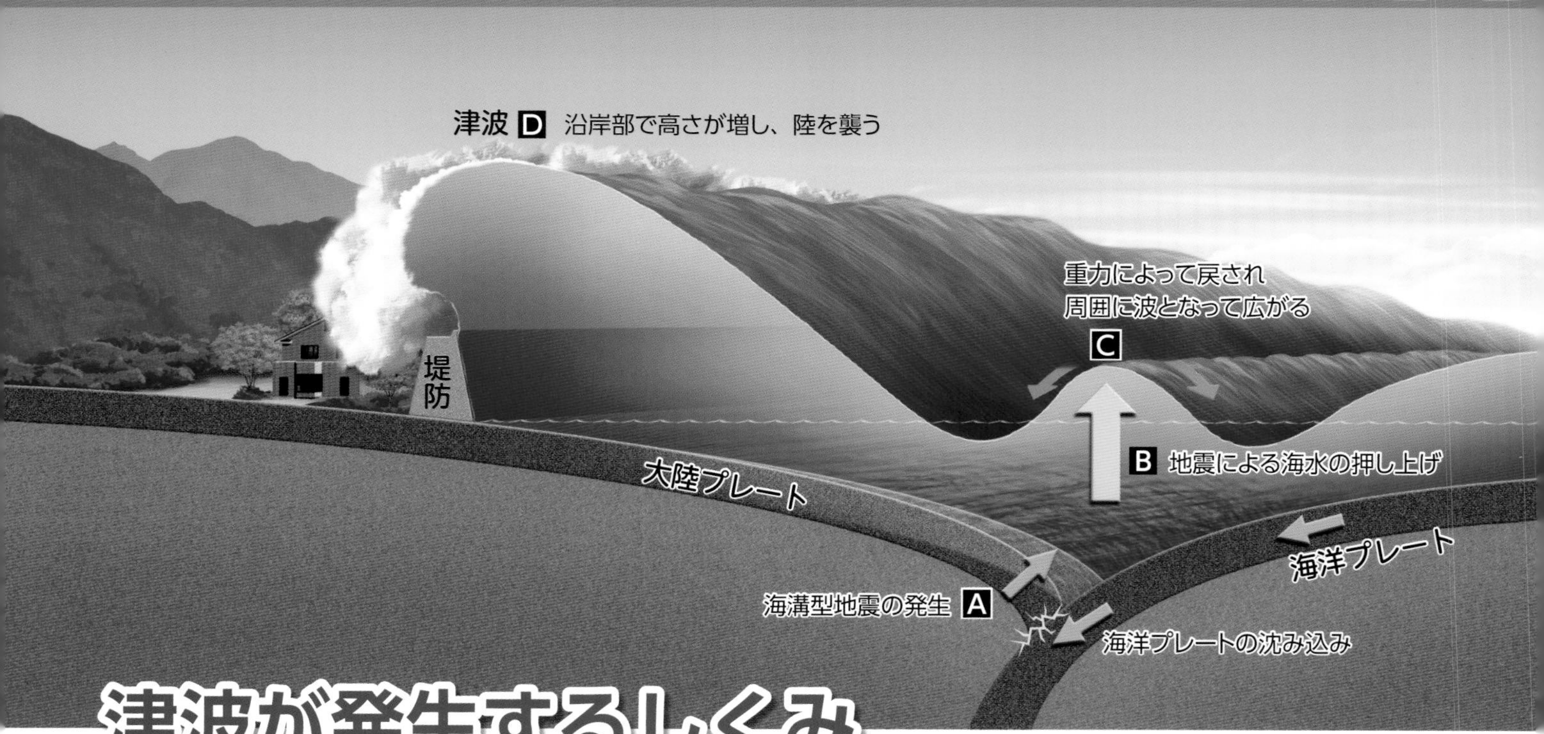

津波 **D** 沿岸部で高さが増し、陸を襲う

重力によって戻され
周囲に波となって広がる
C

堤防

B 地震による海水の押し上げ

大陸プレート

海洋プレート

海溝型地震の発生 **A**

海洋プレートの沈み込み

津波が発生するしくみ

▲津波が発生するしくみ（模式図）

津波はどうして起こるのか

　地震や津波が発生するとき、海底では何が起こっているのでしょうか。地球上では、表面をおおう複数の岩盤（プレート）が常に移動しています。上の図のように海洋プレートと大陸プレートがぶつかる境界では、おもに動きの速い海洋プレートが、大陸プレートの下に沈み込んでいます。このとき、大陸プレートの端には少しずつ ひずみ がたまり、それがもとに戻ろうとする反動で、海底で断層がずれ動くと海溝型地震が発生します-**A**。それに伴い、海底地形が盛り上がったり沈んだりして変化し、その真上の海水も大きく動かされます-**B**。海の底から押し上げられた海水は、重力によって戻され、周囲に波紋を広げて伝播していきます-**C**。これが沿岸部に達すると高さが増し、津波となるのです-**D**。2011年の東北地方太平洋沖地震では、何百年もの間蓄積されていた ひずみ が莫大なエネルギーとなって放たれました。海底の断層が長さ約500km、幅約200kmにもわたって連動してずれ動いたことで、巨大な津波が発生し広域に被害をもたらしたのです。

　日本列島は、太平洋、フィリピン海、北アメリカ、そしてユーラシアの４枚のプレートが交わる境界上に位置しています。日本列島の太平洋沖の海底では、太平洋プレー

トが年に約8 cm、フィリピン海プレートが年に約5 cmほどの速度で大陸プレート（北アメリカプレートとユーラシアプレート）の下に沈み込んでいて、この沈み込み帯を海溝またはトラフとよびます。一般に、水深が6000m以上の深い溝を海溝、それより浅い溝をトラフと区別しています。

　日本周辺には、東北地方太平洋沖地震の震源となった日本海溝のほか、千島・カムチャッカ海溝、相模トラフ、駿河トラフ、南海トラフなどが分布しており、プレート運動の ひずみ が解放されるたびに海溝型地震が発生します。同じ海域で一定の頻度で繰り返し津波が引き起こされやすいのはそのためです。また、陸地だけでなく海底にも活断層が存在しており、海底の活断層がずれて津波が起こることもあります。

　古来、地震のあとに津波が襲来し、被害を及ぼしてきたことは知られていました。しかし、どのようにして地震が津波を引き起こすのか、そのメカニズムが明らかになったのはそれほど昔のことではありません。1896年に明治三陸地震津波が発生した当時は、地震と津波の関係については十分に理解されておらず、いくつかの学説があげられていました。代表的なものが、地震のゆれの影響で湾内の海水が振動して津波が起こるという考え（大森房吉の「海震説」）と、海底の地形が変形して海水が押し上げら

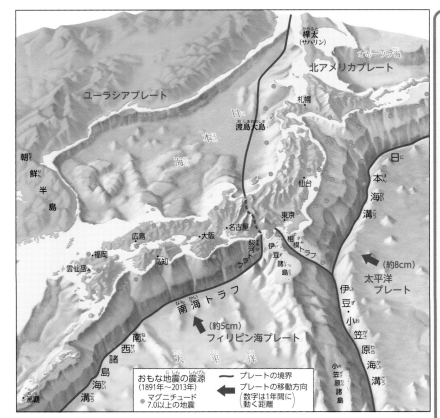

▲日本周辺の海溝・トラフ〈気象庁資料ほか〉

図中の注記：

樺太（サハリン）
オホーツク海
北アメリカプレート
ユーラシアプレート
札幌
日 渡島大島
朝鮮半島
本
海
仙台
日
本
海
溝
東京
広島
大阪
名古屋
相模トラフ
伊豆諸島
福岡
高知
駿河トラフ
伊豆・小笠原
（約8cm）
太平洋プレート
雲仙岳
南海トラフ
（約5cm）
フィリピン海プレート
南西諸島海溝
太平洋
小笠原諸島
那覇
小笠原海溝

おもな地震の震源（1891年〜2013年）
● マグニチュード7.0以上の地震
━ プレートの境界
◀ プレートの移動方向（数字は1年間に動く距離）

「津波」と「TSUNAMI」

津波は、沖合いでは波の峰と峰の間の距離（波長）が数十〜百kmと長いのに対し、波の高さ（波高）は数mと大変ゆるやかな水面の変化であり、波としては認識できない。しかし、水深が浅くなるにつれて波長が短く逆に波高が増していき、特に港や湾内では波高がさらに増幅するため、波として初めて確認できるようになる。このことから、「津」（港や湾）での波、「津波」とよばれるようになった。

世界では従来、津波の現象をseismic sea wave（地震による波）やtidal wave（本来は潮汐による波の意味）とよんできた。1946年アリューシャン地震津波をきっかけに国際共通語の議論が始まり、津波の原因は地震に限らないことや、ひんぱんに起こる日本で使われていたことからtsunamiという言葉が浸透し、1960年チリ地震津波以降は専門家のなかで統一された。さらに、2004年スマトラ島沖地震によるインド洋津波で、世界各国のメディアでもtsunamiという言葉で大々的に取り上げられたことにより、一般にも国際共通語として定着した。

基礎

れるという考え（今村明恒の「海底変動説」）です。その後、津波の到達時間や発生のようすなどの研究が進められ、現在では海底変動説が一般的な津波の発生メカニズムとして認められています。

さまざまな原因で引き起こされる津波

津波は、海底での地震に加えて、地球上でのさまざまな現象によって起こるものです。過去200年間（1790〜1990年）における世界での津波発生原因をみると、約9割が海底下で発生した地震ですが、火山噴火や地すべりなどによっても発生しています。海岸近くで地すべりや土石流が起こると、大量の土砂が海に流れ込んで海を一気に埋め立てるため、大きな津波が発生することがあるのです。そのほかに、隕石の落下なども、津波の原因になり得ます。

地すべりや土石流による津波は、地震による津波に比べて頻度は低いものの、過去その規模・被害ともに大きな例がありました。1792年、長崎県の雲仙岳では、火山活動に伴って眉山が崩壊し、有明海に大量の土砂がなだ

れ込んだことで津波が発生しました。この津波は対岸の肥後・天草（現在の熊本県）を襲い、そこでの死者は5000人以上に及びました。また、1741年、北海道の渡島大島付近で発生した津波では、1467人が犠牲となりました。いまだにその発生メカニズムは断定されていませんが、島の火山活動による大規模な地すべり（斜面崩壊）が大いに関係していると考えられています。また、2022年1月にトンガでの火山噴火により発生した津波が日本にも来襲した事例もありました。

現在の津波警報システムは、地震を察知することで津波の発生や到達時間・高さなどを予測しています。一方で、地震以外の現象による津波については、津波が発生するしくみが十分に解明されていないこともあり、波そのものを直接監視する対応が進められています。

ここも見てみよう　プレート➡1巻 p.10−13、大陸プレート・海洋プレート・海溝・トラフ・プレート運動・地すべり・土石流➡p.51−52用、雲仙岳➡3巻 p.17、津波警報➡p.38−39

壊滅的な被害をもたらす
津波の性質

▲高さ10㎜の巨大防潮堤を乗り越える津波（岩手県 宮古市 田老 2011年3月11日）

津波の威力と速さ

東日本大震災では、それまで「万里の長城」と称された岩手県宮古市田老の巨大防潮堤がもろくも破壊され、市街地に流れ込んだ津波は住宅を次々に押し流しました。津波が引いたあとには、建物が がれき となって残りましたが、多くは強烈な引き波によって沖へと引きずり込まれてしまいました。津波はこうしたおそろしい被害をもたらしますが、一般の波とは何が違うのでしょうか。

津波は、海底で生まれた膨大なエネルギーが水のかたまりとなって四方八方に伝わります。これは、風などにより海面付近で生じる波浪とは比べものにならないほど大きな威力です。風呂でたとえると、水面に息を吹きかけたときに生じる小さな波が波浪、浴槽の底から手を押し上げたときに生じる大きな波が津波というイメージです。また、下の図のように台風などが引き起こす高波と比べても、津波のほうが波長が長く、一度に押し寄せる

水の量もはるかに多くなります。その威力は陸に上がってもおとろえず、頑丈な建物もコンクリートの防潮堤も破壊してしまうほどです。津波は高さ30㎝で大人も歩くことができず、50㎝の高さ（ひざくらいの高さ）では人も車も流されてしまいます。また、車や電柱などあらゆるものを押し流すため、宮城県気仙沼市のようにそのような漂流物から発火して火災が広がる場合もあります。

津波から命を守るためには、津波の速さについても理解が必要です。砂浜に押し寄せる波を見ていると、波の峰が沖から向かってくる速さと浜に向かって波が流れ込む速さは異なります。波の形が伝わる速さ（波速）と水そ

▲高波と津波の違い

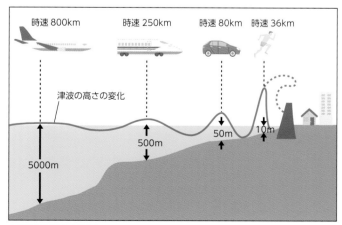

▲津波の速さと高さ〈気象庁資料より作成〉

のものが流れる速さ（流速）は違うのです。波速は水深が深いところではジェット機なみに速く、浅くなるほど遅くなります。遅いといっても陸上で秒速10ｍ程度ですので、オリンピックの短距離走選手なみのスピードであり、大人の全速力でもとうてい逃げきれません。一方、流速は波の高さに比例して速くなる性質です。水深が深い場所では秒速数十cmですが、沿岸で波高が増すと秒速数ｍ以上になります。流れが速くなると、建物を破壊したり地形を浸食したりする威力も大きくなります。

一様ではない津波の性質

東日本大震災では、津波の高さや到達時間は、場所によって大きく異なりました。津波は水（流体）ですので、海底や沿岸の地形に影響を受けてその姿を複雑に変えるので注意が必要です。

津波の到達時間は、基本的に震源域から近いほど早く、遠いほど遅くなります。ただし、水深によってスピード（波速）を変えるため、距離が同じでも海底の地形に影響されて変化し、数分で到達することもあれば、1時間後に到達することもあります。また、海岸の地形をみると、例えば、V字型の湾や岬が入り組むリアス海岸では、湾の奥のほうへエネルギーが集中するために、波が大きくなりやすい特徴があります。リアス海岸である三陸海岸、志摩半島、紀伊半島などは、過去も大きな被害を受けてきました。湾の奥とは逆に岬の先端も、岬を取り囲むように津波が集中するため波が高くなります。また一方で、仙台湾のように湾内の対岸や島で反射をして何回も波が押し寄せることもあり、あとの波のほうが高くなる場合もあります。したがって、一度波が引いても海のそばに引き返してはいけませんし、避難した場所が第2波以降も安全とは限りません。

海の近くはもちろんのこと、川の近くでは海から離れていても注意が必要です。海と接している河口から、津波がさかのぼりやすいためです。また、建物が密集している都市部では、津波が建物の間のせまいところを勢いよく通過するときに流れが強くなります（この現象を「縮流」とよびます）。東日本大震災の釜石、石巻、多賀城などでは、これによって被害が拡大しました。

ほかにも、私たちが注意しなければならない点があり

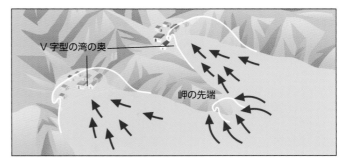

▲津波が高くなる地形

ます。「大津波の前には引き波になる」とよくいわれますが、地震の動きによって必ずしも引き波から始まるとは限りません。海のようすを見てからではなく、地震のゆれを感じたら真っ先に避難を考えることが重要です。一方、過去のチリ地震（1960年）では、日本まで地震のゆれは届かなくとも約3～5ｍの津波が到達し、犠牲者を出しました（遠地津波）。明治三陸地震（1896年）では、ゆれが小さくとも大津波が来て深刻な被害をもたらしました（津波地震）。地震のゆれの有無・強弱にかかわらず、津波は突然来ることもあります。このように津波の発生は一様ではないため、過去の経験などで判断しきれない部分もあります。「ここまで逃げたら安全」と思わず、より高いところへ避難することが大切です。

津波の高さの示し方

気象庁の津波警報などでいう「津波の高さ」は、通常の海面の高さ（平常潮位）から津波によってどれだけ海面が上昇したかを示す。海岸や沖合いの観測所で計測される値である。また、津波の浸水範囲の最奥を遡上範囲といい、その最高地点の高さを「遡上高」という。「遡上高」は「津波の高さ」の約2～4倍高くなることがわかっている。そのほか、建物などに残された浸水の跡までの高さは「痕跡高」とよばれる。

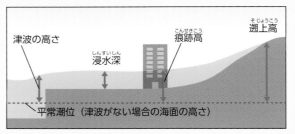

津波の高さ　浸水深　痕跡高　遡上高

平常潮位（津波がない場合の海面の高さ）

▲津波の高さ表示の目安〈気象庁資料より作成〉

ここも見てみよう　田老の防潮堤➡p.36－37、宮城県気仙沼市➡p.16、21、
防潮堤・引き波・リアス海岸・遠地津波・津波地震➡p.51－52用

基礎

事例1 東日本大震災
3.11の衝撃

▲堤防を越えて流れ込む津波（岩手県 宮古市 2011年3月11日）

太平洋沿岸を襲った大津波

　2011年3月11日、春が遅い東北地方では、まだ雪がちらつくような寒さの残る時期でした。各地の学校では学期末を迎え、卒業式が行われているところもありました。そんな日の午後2時46分、突然立っていることもできないほどの強いゆれが東日本の広範囲を襲いました。日本の観測史上で最大となるマグニチュード9.0の巨大地震、東北地方太平洋沖地震が発生した瞬間です。これは日本海溝で起こった海溝型地震で、その規模は1995年に阪神・淡路大震災を引き起こした地震の約1400倍にも及ぶ巨大なものでした。各地では3分以上の長いゆれが続き、最大で震度7を記録したところもありました。

　地震から約30分後、ゆれがおさまって人々が落ち着きを取り戻し、家の片づけを始めようという頃、三陸海岸を中心に巨大な津波が押し寄せていました。高さが数十mにも達する巨大な黒い海は防潮堤を軽々と乗り越え、車も家も人も、おそろしい力で飲み込みました。津波は、地震から約1時間後には仙台平野や福島沿岸にも到達し、太平洋沿岸の広い範囲を次々に襲っていきました。仙台平野では海岸線から5km以上も離れたところまで津波によって浸水しました。また、北上川のように、河口から50kmのところにまで波がさかのぼった場所もありました。

　この地震がもたらした一連の災害は「東日本大震災」とよばれ、1万9000人（2023年）を超える死者を出しましたが、そのほとんどが津波によるものと報告されています。亡くなった方の9割が溺死で、そのほか津波に押し流されるなかでがれきに押しつぶされた圧死による犠牲者もおおぜいいました。震災関連死も含めると、この震災による死者・行方不明者は2万2000人を超えています。

▲津波に襲われ鉄骨のみが残った防災対策庁舎
（宮城県 南三陸町 2011年3月13日）

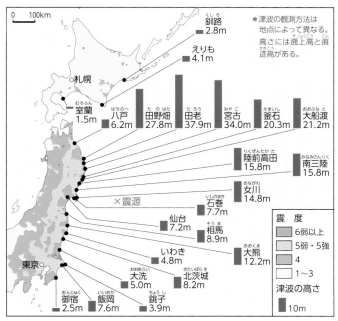

*津波の観測方法は地点によって異なる。高さには遡上高と痕跡高がある。

地点	津波の高さ
釧路	2.8m
えりも	4.1m
室蘭	1.5m
八戸	6.2m
田野畑	27.8m
田老	37.9m
宮古	34.0m
釜石	20.3m
大船渡	21.2m
陸前高田	15.8m
南三陸	15.8m
女川	14.8m
石巻	7.7m
仙台	7.2m
相馬	8.9m
大熊	12.2m
いわき	4.8m
大洗	5.0m
北茨城	8.2m
御宿	2.5m
飯岡	7.6m
銚子	3.9m

震度
6弱以上
5弱・5強
4
1〜3

津波の高さ
10m

▲東北地方太平洋沖地震の震源とおもな地点の津波の高さ〈気象庁資料ほか〉

甚大な被害をもたらした要因

東日本大震災では、なぜこのように津波が大きな被害をもたらしたのでしょうか。

リアス海岸である三陸は、ふだんは波がおだやかな入り江が多く、養殖業などがさかんな地域です。人々の生活は漁業中心で、湾の奥の海岸沿いに町が広がっています。しかし、ひとたび津波が発生すると、V字型に奥がせまくなる湾の形が津波のエネルギーを集中させ、水位が一気に上昇するため、町はたびたび大きな被害を受けてきました。そうした過去の経験から、三陸では住民の防災意識が高く、岩手県宮古市田老のように立派な防潮堤が町を守っている地域も多くありました。しかし、そのような地域でも今回のけた違いの威力の津波によって頑丈なはずの防潮堤は破壊され、被害が拡大してしまったのです。

日本ではマグニチュード9クラスの地震は過去にありませんでしたが、東日本大震災では過去に地震を起こしてきた震源域が複数連動してずれ動いたため、想定されていた地震や津波の規模や範囲をはるかに上まわってしまいました。そのため、過去津波の被害が小さかった仙台湾や福島沿岸でも、今回の大津波が多大な影響をもたらしました。例えば、牡鹿半島のつけ根に位置する石巻市の中心市街地では、これまで三陸沖からの津波を半島がさえぎってくれましたが、今回は南から侵入した津波が何度も仙台湾内でゆり戻したため広範囲に浸水し、被災地のなかでも最大の犠牲者が出てしまいました。

一方で、住民の側に油断があったことも指摘されています。皮肉にも、大津波警報が発令された2010年2月のチリ地震や、東日本大震災2日前の3月9日の前震では大事にいたらなかったため、「今回も大丈夫だろう」「まさか防潮堤を越える高さの津波が来ることはないだろう」と考える住民が多くいました。従来の想定や経験による過信や正常性バイアス(異常なことを正常な範囲ととらえる心の作用)が、避難行動を妨げてしまった可能性があります。また、せっかく避難行動をとっても、車が渋滞したり、途中の道路が通行できなくなっていたりして立ち往生し、多くの人が逃げ遅れる事態も生じました。

指定避難所に押し寄せた津波

東日本大震災では、安全なはずの避難所や避難場所にまで津波が襲来した例もあった。宮城県の東松島市立野蒜小学校は、海から1km以上離れていて、1960年のチリ地震津波でも被害はなく、地域の避難所に指定されていた。あの日、小学校には児童のほか、保護者や近くの住民が避難していた。近くで緊急停止した電車から避難してきた人もいた。地震発生から約1時間後、150人以上が集まっていた体育館を津波が襲った。窓を割って流れ込んだ水がうずまき、床から3m近くまで浸水したという。運よく体育館のギャラリーに上がった人やマットなどにつかまって助けられた人もいたが、十数名が亡くなった。津波の難を逃れたあとも、水が引くまでの約6時間、ギャラリーの上でほとんどの人がぬれたままこごえながら過ごした。

浸水ライン

▲津波に襲われた野蒜小学校の体育館
(宮城県 東松島市 2011年4月)

ここも見てみよう　阪神・淡路大震災➡1巻 p.28−31、仙台平野➡ p.8、21、北上川・牡鹿半島➡ p.21、防潮堤・災害関連死・リアス海岸➡ p.51−52用、田老の防潮堤➡ p.12、36−37、宮城県石巻市➡ p.7、p.44−45

15

東日本大震災

事例1

大津波がもたらした
二次災害

▲一夜明けてもけむりが立ち込める鹿折地区
（宮城県 気仙沼市 2011年3月12日）

■ 津波によって火の海となった町

　津波によって一面がれきまじりの黒い海となった被災地を次に襲ったのは、大規模な火災でした。大津波をかぶった青森県から千葉県にいたる太平洋側の各地で火の手が上がりました。宮城県の名取市、気仙沼市、岩手県の大槌町や山田町の市街地では、広い範囲に火災が及びました。特に気仙沼市鹿折地区では、町全体だけでなく海上も、文字通り火の海となる大火災となりました。過去には、関東大震災や阪神・淡路大震災で家の倒壊によって火災が多発したため、地震に対する防火対策には注意がはらわれてきましたが、東日本大震災では津波が引き起こす津波火災のおそろしさが浮きぼりとなったのです。津波で水びたしだったはずの町で、なぜ火災が起こったのでしょうか。

　津波に流された自動車の内部では、バッテリーに海水が入り火花が発生することがあります。実際に被災地では、車から火が発生していたり、無人の車のクラクションが鳴り続けていたりしたという証言もありました。仙台港での津波火災件数のうち、約80％は自動車が原因でした。また、切れた電線からの漏電も、火災につながります。家庭のプロパンガスのボンベが津波で漂流し、衝撃が加わり、爆発が起こったところもありました。

　さらに、流された自動車や船からは、大量の燃料が流れ出していました。沿岸にあった石油タンクから流れ出た重油も水面をおおっていました。それらに火がつき、一気に燃え広がったのです。さらに、津波によって生じた多くのがれきが着火剤となり、引火した燃料やがれきはそのまま陸地の奥深くまで流れ着き、打ち上げられた漂着物に次々と燃え移っていきました。自動車や工場の多い都市部ほど、津波火災の危険性が高いことが考えられます。

　鹿折地区では十分な消火活動を行うことができず、鎮火したのは地震から5日後のことでした。津波と火災により、町は跡形もなくなってしまいました。津波からの避難が優先で燃え始めのうちに消火することが難しいうえ、広域な火災に対して、消火栓や水道が使えない、津波が引いたあともがれきが道路をふさいで近づけないなどの状況が重なるため、津波火災は火を消すまでにも困難を伴うのです。

▲気仙沼市の津波による浸水範囲と鹿折地区の火災

孤立した避難者

被災者は、津波から逃れたあとにも厳しい状況におかれました。津波による冠水のため孤立し、避難した鉄筋構造のビルや、学校や病院などの高層階で数日間過ごした人もいました。津波避難ビルなど、もともと一時的な避難しか想定されていなかった建物では、水・食料や毛布などが不足し、津波でぬれた服を着替えることすらままならない状態でした。また、家が倒壊して屋外で過ごすことを余儀なくされた人もおおぜいいました。地震が起こったのはまだ雪の降る3月中旬だったため、電気、ガス、水道といったライフラインが寸断されたなか、人々は余震におびえながら寒さにふるえて一夜を過ごしました。そのため、低体温症で亡くなった方もいます。東北や北海道での冬場で発生する地震と津波に対しては、寒さ対策も重要です。

交通網の寸断も深刻な事態を招きました。被災直後は、道路や鉄道があちこちで崩れたり津波に流されたりして通行できなくなったほか、仙台空港が浸水するなど、空港や港も使用できませんでした。そのため、孤立した集落や施設もたくさんありました。また、助けをよぶにも

▲小学校の屋上に避難した人々(宮城県 仙台市)

通信手段すらない状況でした。政府は救援隊や、食料・水・医薬品などの物資をいちはやく届けようとしましたが、被災地までの輸送は困難をきわめ、また、被災地があまりにも広域に及んだため、支援が行き渡るまでには時間がかかりました。ガソリン不足も深刻になりました。さらに、流通がとどこおったことで商店から品物が消え、買いたくても物がない状態が長く続きました。私たちは、津波から命を守ることに加え、その後の寒さや暑さ、電気・ガス・水道が使えない状況を十分に想定して備えておかなければなりません。

事例

 福島第一原子力発電所の事故と影響

福島県大熊町の沿岸にあった福島第一原子力発電所では、大津波に飲まれて非常用発電機が作動せず原子炉を冷却できなくなり、水素爆発を起こして放射性物質が大量に放出された。周辺地域では、半径20km圏内が警戒区域に指定され、住民の避難や立ち入り規制などが行われ、多くの人が自宅に長期間戻れなかった。子どもへの影響を心配して県外へ転出する人も多く、少子高齢化も深刻化している。

また、周辺の海でとれた魚や畑の野菜、牛などの家畜の汚染が警戒され、出荷や販売が制限された。なかには、実際には汚染されていないのに流通できないものもあり、漁業や農業を営む人々は多大な風評被害を受けることとなった。店頭に並べられている品物のなかでも福島県産が敬遠されるなど、被害はその後も続いている。

福島の原発の被災で、東京などの関東周辺でも、計画停電がとられるなどの影響が生じた。安全に使用すればクリーンで効率のよい原子力発電であるが、このような大災

▲津波の影響で爆発した原子炉建屋
(福島県 大熊町 2011年4月)
▶放射性物質の広がり

1m²あたりの放射性
セシウムの合計沈着量
-2011年10月13日
現在の-
■ 300万ベクレル以上
■ 100万-300万
■ 60万-100万
□ 30万-60万
□ 10万-30万
□ 3万-10万
□ 資料なし
[文部科学省資料]

害をもたらす危険性もある。これを機に、日本のほとんどの原発では一時的に運転が停止され、国内のエネルギーが見直されることとなった。現在は、避難指示が解除され、帰宅困難区域も福島第一原子力発電所周辺に限定され、地域の復興活動も始まっている。発電所の廃炉作業として汚染水対策、使用済燃料プールからの燃料取り出し、燃料デブリ取り出し、廃棄物対策などが進められている。

ここも見てみよう　宮城県(気仙沼市)・岩手県(大槌町、山田町)・福島県(福島第一原子力発電所)➡ p.21、津波避難ビル・ライフライン➡ p.51-52用

東日本大震災
事例1 避難生活と広がる支援の輪

▲多くの人が身を寄せた避難所の体育館
（岩手県 陸前高田市 2011年3月21日）

避難所の実態とその後の生活

　東日本大震災では、地震や津波によって多くの家が倒壊したり流されたりしたことで、40万人以上が避難所での生活を余儀なくされました。住む場所を失った人々は、地震直後から地域の学校やコミュニティセンターに身を寄せ、長い避難生活が始まりました。

　避難所では、体育館や教室など広い場所で、たくさんの人々が集団で暮らすことになります。東日本大震災では津波で家を流された人も多く、なかには一時1000人以上がともに寝泊まりするような状況の避難所もありました。そこには高齢者や支援が必要な人、小さな子どもや赤ちゃんもいます。断続的に続く余震のなか、多くの人が連絡のつかない家族や知人を思い、また今後の生活のことなど不安でいっぱいでした。不慣れな集団生活のなかでプライバシーもなく、ストレスの多い日々が続きました。水道や電気が復旧しないなか、あかりや飲み水、暖房用の燃料、トイレの水さえも十分にない状態でした。避難所の寒さや不衛生などが原因で亡くなった災害関連死は、

震災後1か月の間に700人以上にのぼりました。

　被災地では、震災発生から数週間後、国や県によって仮設住宅の建設が進められていましたが、資材をつくる工場が被災し、着工には遅れもめだちました。しかし、1か月を過ぎた頃から徐々に仮設住宅も増え、避難所で暮らしていた人々もしだいに移っていきました。仮設住宅は2LDK（2部屋とリビング・ダイニング・キッチン）ほどの広さが基本で、台所や居間もあって避難所の生活と比べ

▲仮設住宅の暮らし（岩手県 釜石市 2014年10月）

▲がれき撤去のボランティア（岩手県 陸前高田市 2011年5月）

▲炊き出しをするミャンマー人ボランティア（宮城県 石巻市 2011年5月）

て格段によい環境でした。しかし、壁が薄くてとなりの物音が気になる、夏は暑く冬は寒いなどの問題もありました。また、買い物ができる商店が限られていたり、学校や職場から遠かったりするなど生活の不便もありました。

　仮設住宅は数が十分でなく、入居の多くは抽選で決められました。その結果、大半の人はもともとあった地域のコミュニティを離れて、見知らぬ土地でばらばらに生活しなくてはなりませんでした。そのため、仮設住宅で孤立し交流が失われるという問題も生じました。1995年阪神・淡路大震災では、仮設住宅で生活する人は5年でいなくなりましたが、東日本大震災の被災地では同じ時点で13万人以上が仮設住宅で生活を続けている状況です。原発事故のあった福島では、震災が起きてから12年たっても6000もの人が通常の生活に戻ることができていません。震災の被災者がもとの生活に戻るには、非常に長い時間がかかるのです。

世界中から集まった救助・救援・ボランティア

　震災の発生直後から、自衛隊や消防、警察などによる救助・救援活動が始まりました。全国の自衛隊・消防隊から延べ20万人以上の隊員が被災地に派遣され、行方不明者の捜索や被災者の支援を行いました。また、海外の多くの国々や機関が支援を表明し、救援隊や支援物資を送っています。なかでもアメリカ軍は、「トモダチ作戦」（Operation Tomodachi）と称し、最大時約2万人もの将兵が被災者の捜索・救助や復興支援にあたりました。さらに、カンボジアやエチオピアなど、貧困問題をかかえる国からも続々と義援金が送られました。

　また、全国各地から多くの災害ボランティアがかけつけ、さまざまな支援活動を行いました。多いときで、ひと月に18万人を超えるボランティアが参加したといいます。がれきの撤去作業や泥のかき出し、支援物資の分配、避難所での炊き出しなど、多岐にわたる要望に柔軟にこたえ、被災者の大きな支えとなりました。「ボランティア元年」とよばれた阪神・淡路大震災後から、組織的に整備されてきた災害ボランティアが東日本大震災でも活躍したのです。

事例

外国人から見た東日本大震災

　東日本大震災の大津波の映像は各国で報道され、日本の高い技術力や最高レベルのインフラをもってしても、あれほどの甚大な被害が出るという事実に、世界中の人々が大きな衝撃を受けた。しかしそれ以上に、被災者の冷静な行動や、自らが苦しい状況でも周囲を気づかい助け合う姿が多くの人の心を動かし、海外から称賛された。各国で"PRAY FOR JAPAN（日本のために祈ろう）"などのキャッチフレーズのもと、国だけの対応ではなく、個人でもSNSなどを通して日本を激励するメッセージが送られ、さまざまな支援活動が広がっていった。

▶被災地に対する追悼
（インド ジャンム
2011年3月16日）

🔍 ここも見てみよう　避難所・復旧・災害関連死・仮設住宅 ➡ p51-52 用、「ボランティア元年」 ➡ 1巻 p.30

データで見る東日本大震災

■ 死者・行方不明者・建物被害

2023年3月1日現在	人的被害		建物被害	
	死者（人）	行方不明者（人）	全壊（棟）	半壊（棟）
岩手・宮城・福島	19,650	2,549	117,982	245,024
その他東北地方	6	1	308	715
関東地方（1都6県）	108	3	3,749	37,955
その他	1	0	0	4
合計	19,765	2,553	122,039	283,698

〈総務省消防庁資料〉

死者・行方不明者は全国で2万2000人を超え、岩手・宮城・福島の3県がその大半を占めた。建物被害は関東地方などにも及んだ。

■ 県別人口の変化

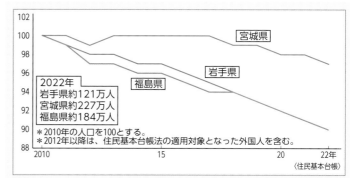

2022年
岩手県約121万人
宮城県約227万人
福島県約184万人

＊2010年の人口を100とする。
＊2012年以降は、住民基本台帳法の適用対象となった外国人を含む。

〈住民基本台帳〉

震災直後には岩手・宮城・福島の各県で人口が前年を下まわった。2013年頃には回復のきざしをみせたものの減少は進行している。

■ 産業への影響

全体　県別の商工業の被害額

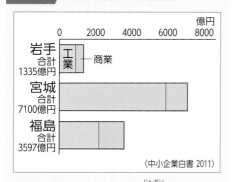

岩手 合計1335億円
宮城 合計7100億円
福島 合計3597億円

〈中小企業白書 2011〉

工業・商業における被害は甚大で、宮城では被害額が7000億円を超えた。宮城の沿岸地域には石油・鉄鋼・パルプなどの産業が多く、津波の被害が特に大きくなった。

農業　農家※の被害状況　※農業経営体

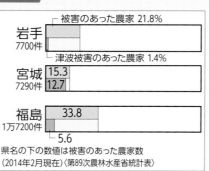

岩手 7700件
　被害のあった農家 21.8%
　津波被害のあった農家 1.4%
宮城 7290件　15.3　12.7
福島 1万7200件　33.8　5.6

県名の下の数値は被害のあった農家数
（2014年2月現在）〈第89次農林水産省統計表〉

震災により、福島では30％以上の農家が被害を受けるという深刻な状況となった。仙台平野が広く浸水した宮城では津波による被害の割合が多くなった。

観光　宿泊者数の推移

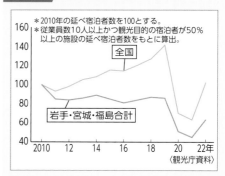

＊2010年の延べ宿泊者数を100とする。
＊従業員数10人以上かつ観光目的の宿泊者が50％以上の施設の延べ宿泊者数をもとに算出。

全国
岩手・宮城・福島合計

〈観光庁資料〉

震災直後は自粛ムードで全国的に宿泊者が減少した。その後、全国的には回復したが、東北3県は低迷したままである。2020年の減少はコロナ禍によるもの。

■ 復興後の被災地のようす

▲震災後に被災地で導入されたBRT（バス高速輸送システム）（岩手県 気仙沼市 2022年2月）　鉄道の一部区間が復旧手段としてBRTに変わった。

▲震災遺構として保存された大川小学校（宮城県石巻市 2021年6月）　自然災害の脅威と震災から得た教訓を伝える活動が行われている。

▲12年ぶりに故郷開催されたダルマ市（福島県 双葉町 2023年1月）　避難先で続けられてきた行事で、ダルマ販売やダルマ引きなどが実施された。

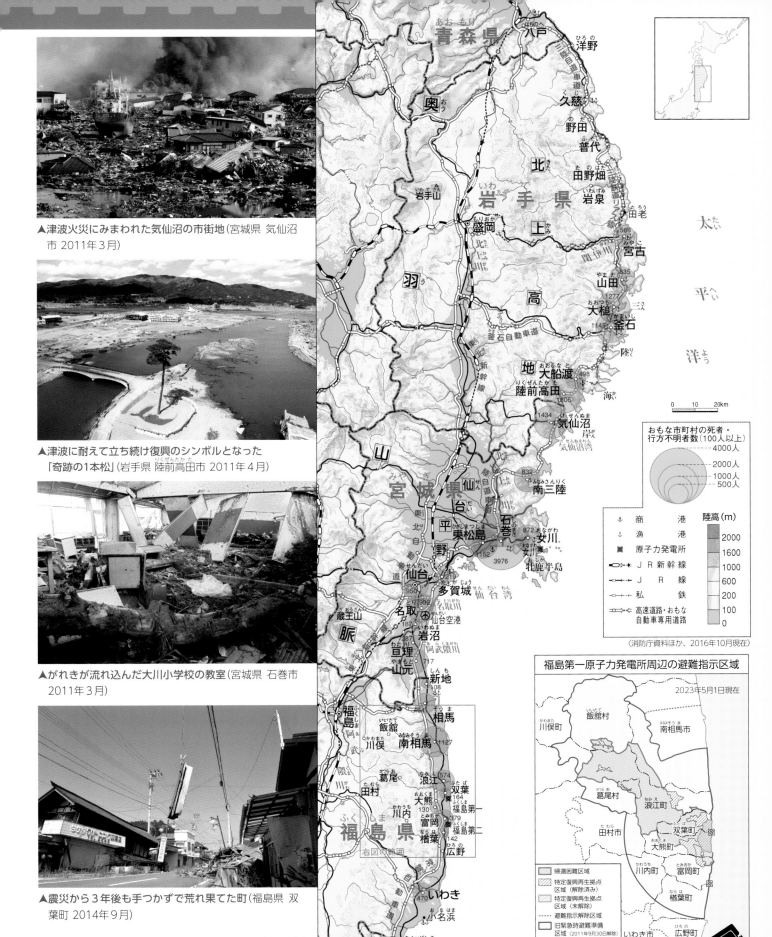

▲津波火災にみまわれた気仙沼の市街地（宮城県 気仙沼市 2011年3月）

▲津波に耐えて立ち続け復興のシンボルとなった「奇跡の1本松」（岩手県 陸前高田市 2011年4月）

▲がれきが流れ込んだ大川小学校の教室（宮城県 石巻市 2011年3月）

▲震災から3年後も手つかずで荒れ果てた町（福島県 双葉町 2014年9月）

▶津波被害の大きかった岩手・宮城・福島の沿岸部

太平洋

おもな市町村の死者・行方不明者数（100人以上）
- 4000人
- 2000人
- 1000人
- 500人

↧ 商　港
↧ 漁　港
⊞ 原子力発電所
JR 新幹線
JR 線
私　鉄
高速道路・おもな自動車専用道路

陸高（m）
- 2000
- 1600
- 1000
- 600
- 200
- 100
- 0

〈消防庁資料ほか、2016年10月現在〉

0　10　20km

福島第一原子力発電所周辺の避難指示区域

2023年5月1日現在

川俣町　飯舘村　南相馬市
葛尾村　浪江町
田村市　双葉町
大熊町
川内町　富岡町
楢葉町
いわき市　広野町

- 帰還困難区域
- 特定復興再生拠点区域（解除済み）
- 特定復興再生拠点区域（未解除）
- 避難指示解除区域
- 旧緊急時避難準備区域（2011年9月30日解除）

予想をはるかに超えた大津波

襲い来る、真っ黒な大津波

　自分は愛船におり、数万枚のホタテの稚貝をどうやって効率よくつるすか思案しながら作業を終えるところだった。突然の大地震に驚き、陸で資材を整理整頓していた妻を見ると、どうすることもできず岸壁にへばりついている。立っていられず、船縁にしっかりつかまって海を見ると、異常現象が。錯覚ではなく、海底が真っ黒になってもうもうとわき上がり、沖へ移動している。大津波が来ると直感し、「駄目だ！津波が来る！早く逃げろ！」と大声で叫び、なんとか陸に引っ張り上げてもらった。

　第1波が防潮堤に大激突。とどろきと同時に何倍の高さにも立ち上る水柱と飛沫。防潮堤を軽々と乗り越え、大きく口を開いて襲い来る怪獣のようだ。2、3波が急激に襲来したので、みなでさらに高所へ移動。足元をさらう流れはとても強く、津波のエネルギーを感じた。

（岩手県 山田町 大浦　男性）

▲防潮堤を越えて中心街の山田地区へ流れ込む大津波(岩手県 山田町 山田)〈山田町/出典：東北地方整備局〉

300m移動したわが家

▲大津波に飲まれる建物や車(宮城県 名取市 閖上)

　2階からようすを確かめて逃げようと思っていたら、海の方から車がぶつかったような音がし、窓の外を見るとすでに100m先まで黒い壁が来ていた。アパートの3階ぐらいの高さに車が浮いており、津波だと初めてわかった。走って逃げてもムダだと思い、窓の下にいた人へ「津波が来てます！」と叫んでから、安全だといわれるトイレに毛布をかぶって飛び込んだ。「ドーン」と大きなビルがゆれるようで、壁に亀裂が入り、「家ごとつぶれそうだ、いつまで耐えられるかな」と感じた。

　少し静かになり、まもなくゆれがおさまった。窓から見ると、外は一面 がれき の海になっていた。6丁目から7丁目まで、通りを越えて300mほど、家ごと流されていたことにあとで気づいた。土台から外れたおかげで、家はつぶれずにすんだ。　（宮城県 名取市 閖上　男性）

炎に挑み続けた勇者たち

昼夜を問わず、風向きによってあっちこっち4日間、山火事から逃げ回った。

夫や近所の男性は、小川をせき止めて水をためたり、地下水をバケツでくみ上げたりして必死に消火し、家に燃え移るのを防いでくれた。

それでも水は足りずに延焼し、消防団が限界を超えながらも頑張ってくれた。日中は捜索活動、サイレンが鳴るといつでも山に入って消火活動をしてくれ、言いつくせないほどありがたかった。

（岩手県 山田町 田の浜　女性）

▲燃え広がる炎に不眠不休で立ち向かう（岩手県 山田町 田の浜）〈岩手県 山田町〉

首の高さまで津波が

庭で被害状況を話していると、すぐ近くにあるいちごハウスの前方に、瓦屋根の家が船のように流れてきたのが見えて、初めて津波に気づいた。それから何十秒かで目の前にがれきが迫ってきたので、庭石にポンと飛び乗ることしかできず、あっという間に逃げ遅れてしまった。

津波は、映像で見ると強烈な波がストレートに向かって来るように見えるが、実際は海の水が迫って来るのではなかった。海から2kmの距離で津波を受ける側から見ると、がれき の山がワーッと目の前に来る感じ。

家の前に大きな がれき が引っかかったので、直接水を体で受ける形になった。庭が道路より1m高くて、庭石の高さが70〜80cm。それでも首まで浸かるくらいの水かさだった。

防災無線で避難をよびかけられていたのが、自分の地区ではなかったし、「ここまでは来ない」と高をくくっていたんだと思う。

（宮城県 亘理町 吉田　男性）〈『亘理町東日本大震災活動等記録集』〉

伝統ある校歌に励まされて

楽しく過ごしていたあの日、体育の時間バスケをし、初めてゴールを入れた。

6時間目の始まりのとき、グラングランと大きなゆれが襲った。おさまったと思ったらまたゆれ、津波が襲ってきた。

町を見ていると、おそろしさが心に広がる。想像を超えたあの光景は、正直思い出したくなかった。しかし、悲しくつらい現実を受け入れるしかない。中学の校歌に「試練の津波いくたびぞ　乗り越えたてし　我が郷土」とあるように、新しい未来があると思う。

（岩手県 宮古市 田老　男子）〈岩手大学地域防災研究センター〉

中学生ボランティア、大活躍

田老一中生と家族は、役場の会議室を避難所としていた。日がたつにつれ、自分も含め10人ほどに少なくなったが、緊張の糸が張りつめた状態は続いた。おさまらない余震、解除されない警報。大きなゆれがあるたびに、裏山に逃げた。

そんな日常のなか、中学生によるボランティアが始まった。大人は、復旧作業や捜索・消火などにあたっていて、手が足りなかったのだ。毛布や水・食料などを役場に運び集め、背負いかごに入れて小学校や各避難所に届けた。

家へ戻ってからも約2か月間、自分たちのできる最大限のことをやったが、少しは田老の力になれただろうか。誰かのためになっただろうか。

（岩手県 宮古市 田老　男子）〈岩手大学地域防災研究センター〉

ここも見てみよう　岩手県（山田町、宮古市）・宮城県（名取市、亘理町）➡ p.21

10代が語る「あの日」

▲「3人の語り部」と著書『16歳の語り部』（筆者は右端）

雁部 那由多（宮城県東松島市）

あの日のこと

2011年3月11日午後2時46分。あの大きなゆれを感じたとき、僕は大曲小学校（東松島市）5年生で、体育の授業中。先生の誘導にしたがって校庭に出ました。母が僕と妹を迎えに来たのは3時過ぎだったと思います。

家に帰ると、家具は倒れ、物が散乱して、足の踏み場もありませんでした。片づけを始めて15分くらいいたった頃、女川（牡鹿郡）に6mの津波が来たという情報が流れてきました。携帯電話もメールもつながらず、停電でテレビやラジオも使えなかったのですが、父は仕事で携帯型の無線機を持っていたので情報を得ることができたのです。

家は海岸から2kmしかありません。近くに高台もないし、避難できるところは小学校だけ。近所の人たちも続々と集まり、車で避難してくる人もいて、校庭の3分の2くらいが車で埋まりました。設備の故障で、防災無線での指示はなく、自分たちで判断するしかありませんでした。

黒い津波

体育館にいったん集まったものの、3時半頃、津波が来るという情報が入って、校舎の3階に移動。僕は、靴を下駄箱に入れたままだったので、一人で1階へ行きました。今思えば、本当に軽率な行動でした。

海側に面する玄関口から、黒い水が這うように静かに校庭に流れ込んできているのが見えました。玄関口のすぐ近くに行ったそのとき、突然、大きな波が横からブワッと押し寄せてきました。どす黒く、重油とヘドロが混ざったようなもの。一度足をとられたら二度と動けなくなりそうな、田んぼの泥のような波。僕は、たった1m先を流れていく波を前に、立ちつくしていました。避難途中だった大人が5人ほど、目の前で津波にさらわれていったのです。あの光景は、今でも目に焼きついています。

そのうちの一人は、玄関口まであともう少しのところに来て、波に足をとられながら、僕の目を見て手をのばしていました。でも、手をつかんだら自分が助からない。直感

でした。我に返った僕は、波に飲み込まれて流されていくその人から目をそらし、図書室に向かって全力で走り出しました。その間、一度も後ろをふり返りませんでした。

息も切れぎれに戻ると、みな窓のところに集まって、外を見ています。「校舎に上がれ！」「逃げろ！」「早く！」と、大声で叫んでいました。僕はぼう然として歩み寄りました。国道に面する窓から、黒い津波が、がれきとともに家や車、人を流していくのが見えました。大人も子どもも、日が暮れるまで、こわれていく町のようすをずっと眺めていました。

避難所での生活

小学校の1階は完全に浸水。体育館もまったく使いものになりません。2階と3階に分かれて、停電で真っ暗ななか、寒い夜を過ごしました。ラジオも電池が入っていなかったので、外で何が起こっているのか、まったくわかりません。カーテンが敷かれた床に横になりましたが、かたく冷たくて、体も痛い。でも疲労感からか、不思議とすぐに眠りにつくことができました。

翌日、波が引き始めましたが、まだ食料の配給もありません。水は、2日目には分け合って少しずつ飲めるようになりました。3日目までは、約870名で教室はどこもぎゅうぎゅう詰め。記録によれば、1人あたり食パン5分の1枚、水コップ1cc、2人に1枚の毛布が支給されたとあります。

3日目の早朝、あまりにもお腹がすいて、校庭に出てみました。水たまりのなかに魚が何匹か泳いでいましたが、臭くて食べられたものではありません。インスタントコーヒーを見つけたので持ち帰り、少しずつつまんで空腹をごまかすことにしました。未開封だったのに塩辛く、どぎついヘドロの臭いがしました。

そのせいか具合が悪くなり車で病院へ。病院内は、野戦病院さながらでした。翌日、もらった500mlのスポーツ飲

料とあめ玉２つで気力と体力を保ちつつ、４時間以上歩いて学校へ戻りました。

学校が始まった

　学校で１か月ほど過ごしたあと、地区センターに移り、仮設住宅に入るまで４か月間生活しました。小学校が再開されたのは４月21日のこと。信号が復旧せずトラックが行きかうなか、上級生が下級生を守りながら登校していると、がれき まみれの道で靴がボロボロになりました。

　学校では、行方不明になったり転校したりした友だちがいました。また、余震で動悸が激しくなる子、震災関連の言葉を聞いただけでパニックになる子がいる一方、被害にはあわず、普通の暮らしができる子たちもいました。「被災組」の生活はずっと大変でしたが、学校では何ごともなかったようにしなければなりません。それぞれの状況が違うので、悲しみやつらさを共有するのも難しく、しだいに大人たちをお手本に、「震災のことは口にせず、前を向いて頑張ろう」というルールが、心に刻み込まれていきました。

新しい中学校での生活

　矢本第二中学校（東松島市）には、三つの小学校からの生徒が進学しました。僕たち「被災組」は、全体の１～３割程度に減りましたが、みんなにとけ込んで、新しい学校生活を楽しめるようになっていました。

　僕は１年生の後期から生徒会副会長になり、２年生も終わりを迎える2014年春、生徒会の活動として、「みやぎ鎮魂の日シンポジウム」に出席しました。そこで、会場の石巻西高校（東松島市）の校長先生や同世代の中学生たちが、被災体験を堂々と語っていたことに、これまでにないほどの衝撃を受けました。このとき初めて、「あの日経験したこと、感じたこと、悩んだことを率直に話してもいいのかもしれない」と思えたのです。

　なぜ語り伝えるのか。「自分の知っていることや体験が、価値のある情報になると思うし、何かあったとき、ほかの人が自分と同じ目にあわずにすむから」と、ある先輩が話していた理由が、ずしんと心に響きました。「自分の言動で誰かを助けられたのでは？　僕だけが助かってよかったのだろうか？」。ずっとその思いに蓋をしてきました。でも、一人で抱え込むのではなく、人に伝えるという手段で、今からでもできることはあると思ったのです。

　その直後、同じ会場でのイベント「Bosai＝ミライ交流」にて、生徒会代表として、他県の小中学生の前で、初めて自分の体験を話すことになりました。災害の知識を深めることが目的です。みんな真剣に話を聞いてくれて、大きな手応えを感じました。

　２年生の後期に生徒会長になってから、震災や防災にさらに力を入れて取り組み、執行部の仲間と３人での語り部活動を始めました。他県で体験を語る機会もしだいに増えました。お互いの話を聞くと、同じ地域や学校にいて、同じくらいの被災をしていても、それぞれ異なる受け止め方や感じ方をしている。それは、すごく興味深いことでした。

僕が伝えたいこと

　「被災地」には、「震災はもう終わったこと。各自の体験があるから、ほかの人の話を聞く必要はない」と考える人もいます。また、あの日、小学５年生だった僕より下の子たちは、当時の記憶がだいぶ薄れています。あまりにショックなできごとだったからか、大人も震災の話題にはふれないようにしていて、「被災地」のなかでさえ、あの日の体験はもう共有されなくなっているのです。

　一方、「未災地」の人は、震災についてばく然としたイメージしか浮かばないと思います。しかし、実際の震災は、「2011年３月11日午後２時46分」という切りとられた瞬間や、マスコミの情報だけにとどまりません。その後もずっと続いていて、人の数だけ違う体験があるのです。

　次に災害が起きたとき、過ちが繰り返されないよう、「被災地」「未災地」にかかわらず、震災体験をみなで共有して、日頃から自分のこととして真剣に考えてほしいのです。

　特に、同世代の話は身近に感じられるので、近い将来社会を担う、自分と同じ世代にこそ伝えたい。あの日、小さすぎることもなくまだ大人でもなかった僕たちが、あの体験を自分の言葉で語れる最後の世代だと思って、語り部の活動をしています。成人になる前に、10代の自分にしか表現できない言葉で、子どもがあの震災をどう受け止め何を考えてきたのかを、伝えておきたいのです。

　今、ここに生きていることは、奇跡です。あの震災を経て、ふとしたことで「生きていてよかった」と感じます。家の玄関を開けた瞬間、「おかえり」という声が聞こえてくるだけで。部屋でスイッチを入れたとき、電気がつくことだけで。ふだん何げなく過ごしている１日は、誰にとっても貴重な１日で、そのときそのときを大切に生きることが、一番重要なんだということを、たくさんの人に伝えたいのです。

【雁部 那由多・津田 穂乃果・相澤 朱音 著、佐藤 敏郎 監修『16歳の語り部』（ポプラ社、2016年）より一部要約のうえ、転載】

ここも見てみよう　宮城県東松島市➡p.21、仮設住宅・語り部➡p.51用

"釜石の奇跡"を起こした防災教育

▲せまる津波を見て避難場所からさらに高台を目指す小・中学生たち
（やまざき機能訓練デイサービスホーム前 2011年3月11日）（釜石市提供）

あの日、子どもたちはどう動いたか

　2011年3月11日、東日本大震災。岩手県釜石市の沿岸地域では、最初に出された津波警報は3mでしたが、結果的に最大約10mの津波が押し寄せ、町の中心部が濁流に飲み込まれました。しかし、そうした状況のなかでも市内全14校の小・中学生の99.8％が生き残り、"釜石の奇跡"と称されました。あの日、子どもたちはどのような行動をとったのでしょうか。

　放課後だった釜石東中学校では、グラウンドに亀裂が入るような大きなゆれに、生徒たちは津波が来ると瞬時に判断し、自ら率先して逃げ始めました。中学生たちは、「津波だ〜、逃げろ〜！」と叫びながら、日頃の避難訓練で使っている避難場所へと向かいました。一方、隣接する鵜住居小学校では、耐震工事が完了したばかりで、みな3階へと津波からの避難を始めていました。しかし、中学生のただならぬようすを見て、小学生たちも避難の流れに加わりました。最初の避難場所でも、危険を感じ

た中学生の声がけで、総勢600人がさらに高い避難場所へと走りました。近所の住民も、子どもたちの姿につられて避難し、全員が無事でした。小・中学校の校舎は屋上を越えて浸水し、最初に避難した場所もみなが逃げた約5分後に水没しています。子どもたちの判断と行動が、多くの命を津波から守ったのです。

　高台にある釜石小学校では、学年末の短縮授業だったため、ほとんどの児童が下校していました。自宅で家族と一緒だった子もいれば、1人で留守番していた子、友だちの家で遊んでいた子、海釣りに行っていた子など、津波に飲まれた

▲屋上まで浸水した鵜住居小学校
最初に児童が避難した校舎の3階には車が突きささっている。

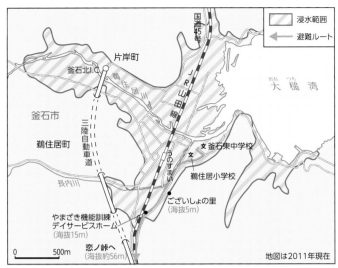
▲釜石東中学校と鵜住居小学校の子どもたちの避難行動

地域のあちこちに散らばっていました。地震の発生直後、子どもたちは自主的に一番近い高台へと避難を始めました。なかには、大人と一緒ではなく自分たちの判断で逃げた子や、「ここまで津波は来ねえべ」と焦るようすもない家族に避難を説得した子もいました。184人の児童全員が自分で自分の命を守ったばかりか、多くの子どもたちが、家族などまわりの大人の命までをも助けたのです。

日頃の防災教育

　この"奇跡"の背景にあったのは、2004年から市内の小・中学校で続けられてきた、津波に対する防災教育です。そこでは、「想定にとらわれないこと」、「最善をつくすこと」、「率先して避難すること」の避難3原則が教えられていました。釜石東中学校と鵜住居小学校は、当時、津波ハザードマップの浸水予想範囲からは外れていました。しかし、子どもたちは、「津波は来ないだろう」と考えるのではなく、経験したこともないようなゆれからとっさに判断し、高台へ、さらに高いところへと避難行動をとりました。また、中学生が周囲に声をかけながら率先して避難した姿勢は、小学生や近所の大人たちの避難をうながすきっかけにもなりました。避難3原則を実践した結果です。

　釜石小学校は、登下校時の避難訓練を毎年行っていました。町の防災スピーカーを使ってサイレンや警報を流し、走って避難するような実践的なものです。東日本大震災で「本番」が来たときにも、子どもたちは、ゆれから身を守っ

たあと、すぐに避難へと身体が動きました。また、各自が「安全マップ」を作成し、自分の通学路周辺のさまざまな場所で、危険な箇所や一番近い避難場所を頭に入れていました。日頃からの訓練が功を奏したといえます。

「津波てんでんこ」の教え

　過去に繰り返し津波を経験してきた三陸海岸地域では、「津波てんでんこ」という特有の言葉が言い伝えられてきました。「地震が起こったら津波が来るので、各自がてんでんばらばらにすぐに高台に避難するように」と教えるもので、家族を心配し、引き返したり迎えに行ったりして被害が大きくなってしまった過去の経験から生まれた言葉です。そうはいっても、家族を心配するなというのは難しいことです。もし家に1人でいるときに大きな地震があったら、あなたはどうするでしょう。家族に電話をして車で迎えに来てもらえば安心ですが、来る途中で渋滞に巻き込まれ、そこに津波が来てしまうかもしれません。あなたが逃げれば、家族も危険をおかさずにすみます。自分の命を守ることは、家族の命を守ることなのです。釜石の子どもたちはこのように教えられ、自分はきちんと逃げるということを家で話し合っていました。お互いにきっと逃げていると信頼できて初めて、「津波てんでんこ」という行動が生きてくるのです。

　あなたは、いざ災害が起こったときに、釜石の子どもたちのように、先に立って避難することができるでしょうか。避難場所はどこか、1人でもそこまでたどり着けるか、考えているでしょうか。大切な人を亡くさないために、もしものときのことを家族と話しているでしょうか。災害と向き合って考えることが防災の第一歩だと、釜石の子どもたちが身をもって示してくれました。

▶釜石市の防災教育（釜石市唐丹小学校 2006年）町歩きをして津波の危険がある場所や安全な場所を確かめる子どもたち。

〔執筆〕片田 敏孝…2011年以前より岩手県釜石市の津波防災教育に取り組む。"釜石の奇跡"の立役者とされる。

〈高知市提供〉

〈高知県提供〉

繰り返し発生してきた南海トラフ地震と津波

事例2

▲1946年の昭和南海地震による地盤沈下と津波で浸水した高知市街(上)、2020年10月現在の高知市街(下)

西日本の海底にのびる南海トラフ

　2011年の東日本大震災では、太平洋プレートと北アメリカプレートの境界である日本海溝を震源として、海溝型の大きな地震が起こりました。日本近海では、将来大きな地震を起こすであろうプレートの境界がもう1か所あります。それが南海トラフです。この海域では、過去に何度も大きな地震が発生し、西日本の太平洋側は繰り返し津波の被害を受けてきました。

　南海トラフとは、伊豆半島のつけ根から九州沖にかけての海底にのびる深い谷です。水深約4000mの南海トラフは、日本海溝より浅く傾斜がゆるやかなものの、海溝と同じように海洋プレートが大陸プレートの下に沈み込む境界となっており、海溝型地震を起こすことで知られています。なお、駿河湾付近の海底地形を駿河トラフとよぶこともありますが、それも南海トラフの一部です。南海トラフでは、フィリピン海プレートが年間約5cmの速さで日本列島に向かって北上し、南海トラフでユーラシアプレートの下に沈み込んでいます。引きずり込まれたユーラシアプレートのひずみが限界を超えてはね返るときに巨大地震が起こるとされています。東日本大震災で海溝型

地震が引き起こす津波のおそろしさが再認識されたことで、南海トラフ地震がいっそう危険視されているのです。

過去に起こった地震と津波

　南海トラフでは、海溝型の巨大地震が100〜150年のサイクルで繰り返し発生してきました。過去には、次ページの上の図のように東海、東南海、南海のおもに三つの領域で地震が起こっていますが、単独の領域で地震が起こることもあれば、複数の領域が連動して非常に大きな地震となり、広範囲に被害をもたらすこともありました。

▲南海トラフ

〈背景図：海洋台帳（海上保安庁）、(c)Esri Japan〉

江戸時代初期の1605年には、南海トラフの西側と東側で連動して地震が起こり、その被害は慶長地震として古文書などに記されています。また、地震との関連は定かではありませんが、地震の直後に火山の噴火が続いたこともありました。江戸時代中期の宝永地震(1707年)では、地震の翌々月に富士山が噴火しました。2週間以上も続く大噴火で、約100km離れた江戸の町にも火山灰が降り注いだと報告されています。

さらに、江戸時代末期の1854年に起こった安政東海地震の翌日には、その南西で同規模の安政南海地震が起こり、関東から九州までの広い範囲に被害が及びました。また、1944年の昭和東南海地震の際も、2年後に昭和南海地震が起こり、合わせて2500人以上の死者・行方不明者が出ました。昭和南海地震では、前ページの上の写真のように高知平野に広がる高知市街が広く水没しました。津波の高さは60cm程度でしたが、地震によって1m以上も地盤が沈んだことや、河川堤防がこわれたことで、川をさかのぼった津波が海抜0m地帯を中心に平野の奥深くまで侵入したのです。このように南海トラフ地震では、強いゆれのあとに地盤沈下や地形の影響も受けるため、津波の高さが低いからといってけっして油断はできません。

南海トラフの沿岸地域では、文献や当時の日記、石碑などに津波の記憶や教訓が数多く残されています。例えば、大阪市浪速区には、「大地震のときにはいつでも津波が襲うことを心得ておき、絶対に船に乗ってはならない」などと伝える石碑が残っています。これは、安政南海地震の大坂(現在の大阪)での津波の被害を教訓として残し

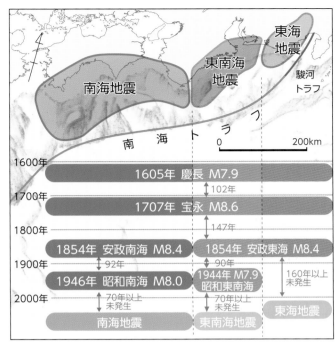
▲南海トラフ近海で発生した過去の巨大地震〈気象庁資料〉

事例

たものです。当時、商業都市として栄えていた大坂では、町の中心部に海とつながる堀川(運河)が網の目のように張りめぐらされていました。大きなゆれのあと、多くの人が建物の倒壊や火災からのがれるように堀川の船に避難していましたが、そこを河口からさかのぼった津波が襲ったのです。船や橋が押し流され、道頓堀などの市街地まで浸水し、大坂では300人以上が犠牲になったといいます。実はその147年前の宝永地震でも、まったく同じ状況で500人以上の死者が出ていました。次の地震と津波に備え、教訓を語り継ぐために石碑が守られています。

安政
昭和
▲安政南海地震と昭和南海地震の津波の高さを示した津波碑(徳島県 海陽町)

◀安政南海地震による津波で海から大きな船が押し上げられた大坂〈「地震津浪末代噺乃種」大阪歴史博物館蔵〉

ここも見てみよう　海溝・トラフ➡p.10、51-52用、伊豆半島➡1巻 p.21、大陸プレート・海洋プレート➡p.51用、津波の石碑(津波碑)➡p.42-43

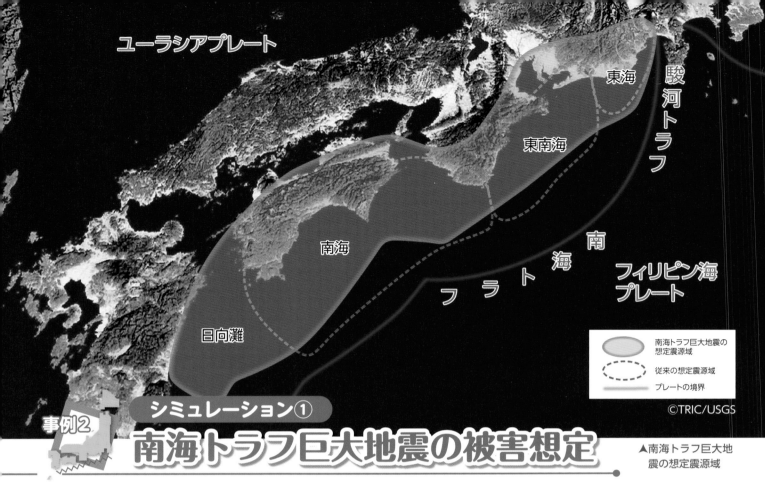

ユーラシアプレート

東海

駿河トラフ

東南海

南海トラフ

南海

日向灘

フィリピン海
プレート

	南海トラフ巨大地震の想定震源域
	従来の想定震源域
	プレートの境界

©TRIC/USGS

事例2

シミュレーション①
南海トラフ巨大地震の被害想定

▲南海トラフ巨大地
震の想定震源域

想定されている甚大な被害

　南海トラフでは繰り返し地震と津波が発生してきましたが、次の南海トラフ地震は今後いつ起こってもおかしくない状況にあります。30年以内には70〜80%ほどの発生率で起こるともいわれています。2011年の東日本大震災の発生を受けて、2012年に南海トラフで起こる地震の想定がもう一度見直されました。東海・東南海・南海地震が連動した南海トラフ巨大地震の最大のケースを考慮した対策が沿岸各地に求められるようになっています。この巨大地震が発生したとき、いったいどれほどの被害が生じるのでしょうか。

　南海トラフでは、約500kmにわたって海底のずれが生じ、広範囲の震源域をもつマグニチュード9クラスの巨大地震が発生する可能性があります。これは東日本大震災と同じくらいの規模で、昭和東南海・南海地震などのようにマグニチュー

ド8クラスだった過去の南海トラフ地震よりもはるかに大きな地震です。このとき、立ち上がることもできないほどの強いゆれが5分以上も続くと推定されています。地震に続いて、静岡県から九州沖の日向灘沿いにかけての沿岸地域を巨大津波が襲います。場所によっては、最大で10階建てビル相当の30m以上にもなると予想されています。

　被害想定では、最悪のケースで死者32万3000人、自力で逃げられなくなる脱出困難者は31万1000人、全壊・焼失する建物は約240万棟に及び、1000km以上が浸水すると推計されました。さらに、避難者の数は地震から1日で700万人、1週間後には950万人、1か月後でも880万人にのぼるといいます。また、水道管や浄水場の被災などで、地震直後に3440万人が水道水を使用できなくなり、1か月後でも460万人にのぼるとされています。日本の全

項目	マグニチュード	浸水面積	浸水域内人口	死者行方不明者	負傷者	避難者	建物被害（全壊棟数）	経済的被害
南海トラフ巨大地震（被害想定・最大ケース）	9.0	1015km※	163万人※	32万3000人	62万3000人	950万人	238万6000棟	220兆3000億円
〈参考〉東日本大震災（2011年）	9.0	561km	62万人	2万2300人	6200人	47万人	12万2000棟	16兆9000億円

▲南海トラフ巨大地震の被害想定〈内閣府、消防庁、国土地理院資料より作成〉（東日本大震災は2023年10月現在）　※堤防・水門が正常に機能する場合の想定浸水区域

国民のうち、約4分の1が被災者となるのです。建物被害などによる廃棄物は最大で2億5000万t、津波で運ばれる土砂が6000万tで計3億1000万tほどと想定され、1年後も処理が終わらないと考えられています。損壊した建物や、電気・通信・上下水道などのライフラインの再建・復旧にかかる費用、失われる資産の価格、災害廃棄物処理費用の総額が全国で170兆円と予想され、これは2023年度の国家予算約114兆円をはるかに上まわる額となります。なお、この評価や推定から10年が経過しましたので、現在、地震や津波のモデルの再検討や新たな対策についての検討が始まっています。

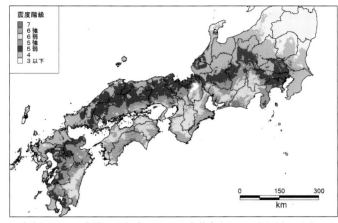

▲南海トラフ巨大地震で想定される震度分布（地震発生領域を陸寄りに設定した場合）〈内閣府 防災情報ページ〉

南海トラフ地震の被害が大きくなる要因

これほどの大きな被害が想定されるのは、南海トラフを取りまく環境が影響しているためです。

南海トラフ地震では、震源域が陸地に近いのが特徴です。そのため、東日本大震災と比べてもゆれが非常に大きくなります。特に震源に近く地盤の弱い沿岸地域では震度が6強や7と大きくなり、建物の倒壊や液状化の被害も拡大すると予想されています。地震の大きなゆれによって地面が液状化すると、堤防がこわれて津波を防ぐことができなくなることも考えられます。

さらに、南海トラフに面した沿岸は、名古屋や大阪などの大都市がつらなっており、太平洋ベルトとよばれる人口や産業が集中している地域です。日本最大の出荷額をほこる中京工業地帯や東海工業地域が位置しているほか、東名高速道路や東海道新幹線など日本の交通の大動脈がはしり、東京と大阪を結んで日々膨大な人や物資の移動が行われています。この地域を大きな地震と津波が襲うことは、死者や負傷者がかなりの数にのぼるだけでなく、経済的にも非常に大きな影響を及ぼすといえます。それでは、南海トラフ巨大地震による津波が個々の地域や都市にどのような影響をもたらすと考えられているのか、次のページで具体的にみていきましょう。

「最短2分、最大18m」という津波想定を受けて

南海トラフ巨大地震の最大クラスの地震・津波の想定を聞くと、誰かが手を打ってくれると他人まかせにする人もいれば、なすすべがないとあきらめる人もいる。しかし、けっして避難は無理だとあきらめてはならない。なぜなら、想定は最悪の場合を示したもので、実際にはより規模の小さい津波が発生する可能性のほうが高いからである。しかしながら、避難しなければ助かる命も助からない。一人ひとりが命を守ることを最優先とし、「強いゆれが起こったら、1秒でも早く1mでも高く逃げる」としっかり認識することが大切である。南海トラフ巨大地震発生から最短2分で1m、最大で18mの津波が来るとされている和歌山県串本町。1人の犠牲者も出さないために、住民主体の自主防災組織と行政が連携し、高台に速やかに避難できる避難路を新設したり、常に自分のいる場所の危険度を意識できるよう海抜表示板を設置したりしている。また、それらを活用した避難訓練も行うなど、住民全員が確実に津波から逃げられるよう努力を重ねている。

▲整備された避難路（和歌山県 串本町 2002年）

ここも見てみよう　東日本大震災➡p.14-27、ライフライン➡p.52用

0hr06m50s

予想される津波の、最大の高さ(m)
35 / 30 / 25 / 20 / 15 / 10 / 5 / 0

（地図上の津波高ラベル）
9m 南あわじ市 / 5m 大阪市 / 5m 名古屋市 / 10m / 3m 品川区 / 11m
21m / 3m 岡山市 / 4m / 名古屋 / 静岡 / 鎌倉市 / 16m 館山市
4m 広島 / 広島市 / 神戸市 / 大阪 / 7m / 18m / 31m / 16m 大島
4m 山口 / 松山 / 4m 香川 / 7m 徳島 / 和歌山 / 津市 / 13m / 18m 三宅島
下関市 / 伊方町 / 松山市 / 高松市 徳島市 / 8m / 19m 静岡市 / 33m / 17m
9m 大分 / 4m / 高知 / 串本町 / 御前崎市 / 新島 / 八丈島
大分市 / 16m 高知市 / 和歌山市 / 24m / 17m
34m / 34m / 26m 尾鷲市 / 22m 志摩市 / 16m 下田市 / 17m 青ヶ島
16m 宮崎 / 17m / 浜松市 / 田原市
宮崎市 / 土佐清水市 / 室戸市
黒潮町

南海トラフ巨大地震の津波シミュレーション動画の一場面。動画からは、時系列で津波の広がりがわかる。

▲南海トラフ巨大地震で想定される津波の高さ(最大値)〈背景図：東北大学 津波工学研究室、津波高：内閣府資料より作成〉

事例2 シミュレーション②
津波が各地にもたらす影響

津波被害の大きい太平洋に面した地域

南海トラフ巨大地震が起こると、太平洋側の広い地域が津波に襲われると考えられます。特にリアス海岸が続く志摩半島、紀伊半島などでは津波が集中します。沿岸のわずかな平地に人口が集まっている和歌山県などでは、津波の大きな被害が出るおそれがあります。夏の海水浴シーズンに毎年70万人が訪れる和歌山県白浜町には、最大で16mの津波が襲うとされています。

高知平野では、安政南海地震や昭和南海地震など過去の大地震で地盤沈下や液状化が広い範囲でみられました。また、震源に近い高知県の土佐清水市や黒潮町では、最大で30mを越える津波想定が出されています。

静岡県〜愛知県沖の遠州灘沿岸は、単調な海岸線で、内陸部の地形が平らなため、陸地の奥深くまで広域に津波が押し寄せると予想されます。特に静岡市から浜松市にかけては、最大震度7のゆれと平均10m以上の津波に襲われると考えられ、静岡県の犠牲者は最大11万4300人と想定されており、これは全国の想定の約3分の1にも及び

ます。さらに、伊豆半島の先端の下田市や南伊豆町では、津波が高くなることが予想されています。

特に、南海トラフ巨大地震では、津波が到達するまでの時間が短いと推定されています。震源域に近い静岡県や、太平洋に突き出た三重県、和歌山県、高知県の半島や岬の周辺では、早いところで地震発生からわずか2〜3分で津波が到達するといわれています。東日本大震災では津波の到達までに早いところでも30分ほどかかったので、いかに早く避難しなければならないかがわかるでしょう。

もう一つ危惧されているのが原子力発電所の事故です。静岡県には浜岡に、愛媛県には伊方に原発があります。東日本大震災では、福島第一原発に想定を超える津波が襲来し、爆発事故により周辺地域で生活できなくなる事態が生じました。全国の発電所ではさまざまな津波対策がとられ、例えば浜岡原発には高さ22mの防潮堤が完成していますが、今後も対策は欠かせません。

大都市名古屋・大阪への影響

南海トラフに面した太平洋沿岸地域のなかでも、人口

▲水路が網の目のように張りめぐらされた大阪市街(2013年)

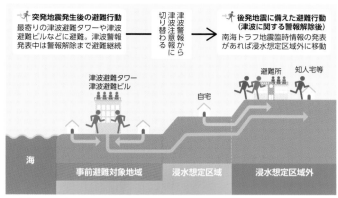
▲南海トラフ地震発生時の避難行動概念図〈内閣府ホームページをもとに作成〉

や産業が集まる大都市が、名古屋市と大阪市です。両市とも湾の奥に位置するため、南海トラフ巨大地震による津波の到達は平均1時間40〜50分後と、比較的遅いと予想されています。また、渥美半島や志摩半島、淡路島などが防波堤となって、津波は最大5mほどとみられています。しかし、本当におそろしいのは、地震のゆれによる被害が大きく、その混乱時を津波が襲うということです。

名古屋市がある濃尾平野、大阪市がある大阪平野は比較的地盤がやわらかいため、ゆれが長く大きくなりやすく、南海トラフ巨大地震による建物の全壊数の予想は愛知県で39万棟、大阪府で34万棟と深刻です。また、木曽三川(木曽川、長良川、揖斐川)が流れる名古屋市西部は標高の低い土地です。この海抜0m地帯では、ゆれによって堤防がこわれると、すぐに浸水が始まります。一方、水路が網の目のように張りめぐらされている大阪でも、いまでは防潮水門などはありますが、すべて閉まらない場合には、宝永地震や安政南海地震のときのように津波が川をさかのぼって内陸部まで達するおそれがあります。また、海抜の低い地域や地下街への浸水も考えられます。

東京や横浜では、震源域から離れており、津波が伊豆半島にさえぎられるため、波の高さは最大2〜3mほどとされていますが、確実に侵入してきます。名古屋や大阪と同様にゆれの被害が大きく、複合的な災害が生じるので、東日本大震災以上の影響と混乱が予想されています。

南海トラフ巨大地震と津波への対策

南海トラフ巨大地震に備えて、太平洋沿岸地域では、津波ハザードマップを整備しなおすなど、さまざまな取り組みが行われています。例えば静岡県では、津波の際に避難できる高層の避難ビルや施設を設けたり、企業が高台に移転したりするなどの対策がとられてきました。あわせて住宅の耐震工事に補助金を出したり、防災訓練を定期的に行ったりするなど、市民の防災意識を高めるソフト対策も行われています。住民が主体となった自主防災組織の組織率は静岡県が全国1位で、地域で避難を助け合うしくみづくりが進んでいます。

南海トラフ巨大地震では、津波に備えてすばやい避難が求められますが、ゆれが長ければそれだけ机の下などで身を守る時間が長くなるため、次の行動も遅くなります。また、地震が連動することで大小のゆれが数回繰り返し発生する可能性もあり、ゆれが小さくなったからといって早急に行動すると、転倒したり建物や家具が倒れるのに巻き込まれたりするなどの可能性もあります。そのため、津波から逃げるためにも、まず身の安全を確保できるよう、耐震化など地震のゆれへの事前の対策が重要です。

2019年より、南海トラフ沿いで異常な現象を観測された場合や、地震発生の可能性が相対的に高まっていると評価された場合などに、気象庁から「南海トラフ地震臨時情報」が発表されることになりました。これが発表された際、各自の状況に応じて避難などの防災対応を準備・開始し、その後の情報に注意してください。特に、地震発生のあとで津波から避難することが困難な「事前避難対象地域」では、最初の地震による津波警報の解除後にも、再び大きな地震が発生する可能性があるので、浸水想定区域外の避難所や知人宅などに移動し、1週間の事前避難を行います。

ここも見てみよう リアス海岸・防潮堤・津波避難ビル➡p.51−52用、福島第一原発の事故➡p.17、東日本大震災での東京の混乱➡1巻p.50−51、耐震化➡1巻p.40−41

事例

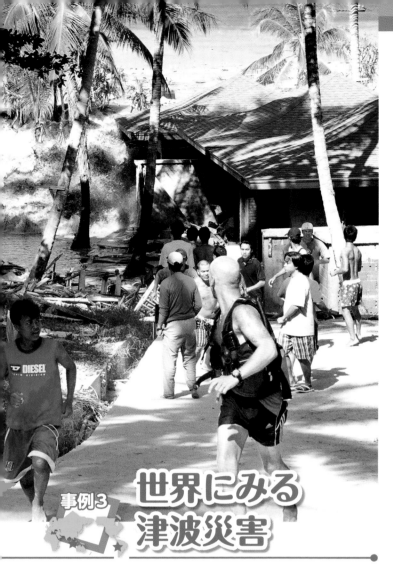

事例3 世界にみる 津波災害

▲ 津波の襲来に逃げる人、立ちすくむ人（タイ コーラヤ海岸 2004年）

■ 津波の恐怖を世界に知らしめたインド洋津波

　2004年12月26日、マグニチュード9.1の巨大地震（スマトラ島沖地震）が発生し、それに伴う津波が沿岸各地を襲いました。地震の震源域は東日本大震災の倍の長さとなる1000kmにも及びました。約15分後には最初の津波がスマトラ島北部に到達し、その後タイ、スリランカ、インド、モルディブ、遠くはインド洋をわたってアフリカの東海岸までも被害を広げました。このためインド洋津波とよばれています。津波は高いところで10mを超え、海岸から3km以上内陸にまで浸水したところもあり、津波の犠牲者は史上最悪の23万人に達しています。

　この大きな被害の要因は、地震の規模の大きさ以外にもありました。このとき周辺の国々には、クリスマス休暇

で欧米や日本などから多くの観光客が訪れており、土地に不慣れな観光客でにぎわっていました。また、インド洋周辺では過去の津波の記録が少なかったため、現地に暮らす住民も津波の知識をほとんどもっておらず、多くの人が逃げ遅れてしまいました。さらに、環太平洋地域のような地震・津波に関する警報システムや情報共有ネットワークが整備されておらず、地震のゆれが伝わらず津波警報もない国では、津波から逃れるすべなどなかったのです。また、インドやスリランカのように押し波がいきなり押し寄せた場所もあり、被害をいっそう大きくしました。なかには、スリランカの沿岸を走っていた列車が津波に飲まれ、1000人以上が亡くなった例もありました。

　被害を受けた地域では、この津波をきっかけに、世界各国から防災に関する技術支援が行われました。日本は、津波解析などの防災技術支援、津波避難タワーの設置、防災教育プログラムや避難訓練の導入、津波減災のためのマングローブの植林など、さまざまな支援を行っています。

　また、2015年12月には、国連総会で「稲むらの火」で知られる安政南海地震に関係した11月5日が「世界津波の日」として制定されました。スマトラ島沖地震や東日本大震災で、津波の脅威について世界的な関心が高まり、協力して対策を進める重要性を世界が認識したためでした。

　その後もインドネシアでは地震や津波の被害が発生しています。2018年9月にスラウェシ島で発生した横ずれ地震は津波を起こしにくい地震のタイプでしたが、ゆれによるいくつかの場所での海底地すべりが津波を起こし、4000人以上が亡くなったのです。また同年12月にスンダ海峡にあるアナク・クラカタウ火山が噴火した際に山体

▲東北大学がアチェで行った津波防災教育のようす（インドネシア2015年）

▲スラウェシ島の地震で被災した港湾都市（インドネシア パル市 2018年10月4日）

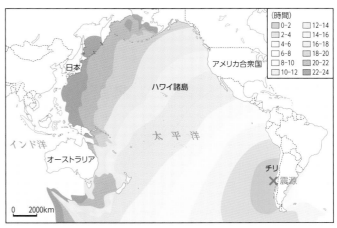

▲チリ地震発生からの津波の到達時間〈東北大学資料をもとに作成〉

崩壊が発生しました。その結果、大きな津波を引き起こし、400人以上が亡くなりました。これらの津波が発生した原因は地震ではないので、このような津波の防災対策についてさらなる対応の必要性が高まりました。

太平洋をわたったチリ地震の津波

東日本大震災での津波は、地球の真裏の南米にまで達し、さらに南米で反射して返ってきた波の影響で、日本で津波警報が解除されたのは地震発生から2日後のことでした。反対に、地球の真裏で発生した津波が日本へ被害を及ぼしたこともあります。1960年、チリ沖合いでマグニチュード9.5という観測史上最大規模の地震が発生しました。それによる津波は太平洋を横断し、約15時間後にハワイ、約23時間後に日本を襲いました。日本では早朝で、地震のゆれを感じない不意打ちの津波でした。日本国内での津波警報システムは1952年に始動しており、このときハワイの観測所から津波の情報が届いてはいましたが、

海外を対象とした警報の実施経験が浅く、津波の到達前に警報は出ませんでした。三陸や北海道東南岸では最大6mの津波に襲われ、大きな被害が出ました。商業地域として発展していた岩手県の大船渡市では、津波の経験がない転入者が多く、50人以上が犠牲となりました。

このチリ地震津波のあと、日本では防潮堤や水門など、海岸での津波防災設備が精力的に整備されました。特に三陸地方である岩手県釜石市や大船渡市では湾口防波堤がつくられ、宮古市田老ではすでにつくられていた防潮堤に新しいものが拡張されました。そのため2010年のチリ津波の際に日本では漁船や養殖施設など、海域での被害は生じましたが、浸水による被害はありませんでした。しかし、2011年に発生した東日本大震災ではこの拡張部分が津波を集中させてしまい、防潮堤が破壊され、背後の地域に多大な被害が出てしまいました。高さや長さだけではなく、津波の特性にあわせて形状、高さなどにも配慮した防潮堤の整備が重視されるようになっています。

事例

日本まで届いたトンガ噴火性津波

2022年1月15日に日本から約8000kmの距離がある南太平洋沖のトンガ諸島で、海底火山「フンガトンガ・フンガハーパイ」の大規模な噴火が起きた。この影響で日本でも奄美大島に津波警報、北海道の太平洋沿岸や伊豆諸島などに津波注意報が出された。この津波は火山噴火による空振とよばれる空気の圧力変化によって海面変動が起こり、それが津波となって日本まで届いたと考えられている。日本まで波が重なり合って大きくなった津波によって日本国内では漁船や養殖施設などの水産被害をもたらした。

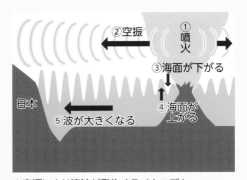

▲空振により津波が発生するメカニズム

 ここも見てみよう　国際的な津波警報システム➡ p.39、押し波➡ p.51−52用、「稲むらの火」（安政南海地震）➡ p.29、43、岩手県（大船渡市、釜石市）➡ p21、田老の防潮堤➡ p.12、36−37

③ 対策 防災・減災の取り組み

高台に造成された新しい住宅地

震災前に市街地だった地域

新しい防潮堤

対策1 津波による被害を軽減させる設備とまちづくり

▲震災後に防災設備を整えつつある田老（岩手県 宮古市 田老 2022年8月）

ハード対策とソフト対策の両立

　津波の被害を軽減させるおもな対策としては、ハード対策とソフト対策とがあります。ハード対策とは、防潮堤をはじめとするさまざまな防災設備をつくることによって津波の被害を物理的に防ぐことです。これに対してソフト対策とは、人々がすぐに避難できるように津波の情報を伝える警報システムを整備することや、一人ひとりが日頃から防災意識をもち、ハザードマップなどで津波の危険度や避難の方法をよく知っておくことなどがあります。

　津波への対策は、ハード対策とソフト対策のいずれか一方だけでは成り立ちません。例えば東日本大震災では、「高い防潮堤があるから、ハザードマップでは浸水域になっていないから、津波はここまで来ないだろう」という先入観をもって安心していた人が多くいましたが、実際には想定を上まわる津波が押し寄せました。上の写真の岩手県宮古市田老では、東日本大震災前には高さ10m、総延長2.4kmにもわたる巨大な防潮堤が築かれていました

が、津波は防潮堤を越え破壊し、ハザードマップの予想を超えて浸水したため、大きな被害が出てしまいました。高くてじょうぶな防潮堤があれば津波から完全に守られるというわけではないのです。そのために、津波警報などを利用して安全に避難することがソフト対策として求められます。さらに、津波が到達する前に浸水予想範囲から逃げようにも間に合わない地域も存在します。そのような場所では、避難先として津波避難ビルや津波避難タワーを設置するなど、ハード面の整備が必要です。このように、ハード面とソフト面の両方を組み合わせて、津波に対して有効な対策を立てる取り組みが各地で行われています。

津波防災のための防潮堤・防波堤

　津波による被害を防ぐための設備には、防潮堤、防波堤、河川堤防、水門などがあります。防潮堤は沿岸に建設される堤防です。津波がこの防潮堤を越えなければ、背後の地域を守ることができます。防波堤は、港湾の入り口など海中に設置されています。そのおもな役割は波

震災直後（2011年3月）
被災後再開した鉄道
たろう
津波により4階まで浸水したホテル
東北地方太平洋沖地震（たいへいようおきじしん）による津波の浸水地域（つなみ　しんすい）
震災による田老の被害
罹災戸数 1691戸　死者・行方不明者 181人
● 高台の避難場所

復興中（2021年7月）
土をもって土地を高くしたところ
しんたろう
災害公営住宅
たろう
メガソーラー
野球場
道の駅
高台に新しくつくられた住宅地
震災後に住宅をたてないと決めた土地
つくり直した水門
つくり直して高くした防潮堤
わかめ・こんぶなどの加工場
震災遺構第一号に指定されたホテル
ホテル
［宮古市資料，ほか］

▲岩手県宮古市田老の震災後の防災まちづくり

徳島自動車道　避難スペース
スロープ
階段

▲ 高速道路に設けられた津波避難場所（徳島県 徳島市）〈国土交通省ウェブサイト〉（上）、緑の防潮堤（静岡県 磐田市）〈磐田市提供〉（下）

を軽減させ、港や湾内をおだやかに保つことですが、津波を防ぐ効果もあります。そして河川堤防と水門は、河口で津波の侵入（しんにゅう）を止め、内陸の浸水を防ぎます。

また、これらは津波が堤防を越えるほど大きなものであっても、津波の威力（いりょく）を弱めたり到達時間を遅（おく）らせたりする効果も発揮（はっき）します。例えば、岩手県の釜石港には海底から63mもの高さの湾口防波堤（わんこう）がありましたが、東日本大震災でのすさまじい津波によって大きく破壊（はかい）され、津波の侵入を許しました。しかし、もし防波堤がなかったら、津波の高さは1.7倍に、津波が湾内の町に到達する時間は6分ほど早くなっていたとみられています。

異なる役割をになうこれらの防災設備は、対応できる津波の高さが決まっており限界もあるのです。そのため、想定以上の高さの津波が来ると、十分に防ぐことができない場合もあります。また、地震によるゆれや液状化などによって、津波が来る前にこれらの設備がこわれないようにする必要があります。

防災・減災に向けたまちづくり

東日本大震災の被災地（ひさいち）では、単に元どおりに戻（もど）すための復興計画ではなく、防災・減災と生活の利便性、景観

への配慮（はいりょ）を重視（じゅうし）した まちづくり が進められています。

具体的には、住宅（じゅうたく）、学校、病院などを高台の安全な場所に移転させる高地移転という対策があります。宮古市田老では、津波の危険度の高い海岸沿いの低地には住宅を建てないことにしました。しかし、漁業を行う人などは仕事の場を高台に移すわけにはいかないので、仕事場は沿岸に、住む家は高台へという職住分離（しょくじゅうぶんり）を前提とした新たな生活スタイルが求められています。

また、仙台平野（せんだい）のように低地が広がっていて近くに高台がないところでは津波避難タワーを設置するなど、各地域の状況（じょうきょう）に応じた対策が進められています。東日本大震災で、小高くつくられている仙台東部道路が浸水をくい止め、その上に避難した人が助かった例があったように、盛り土（もりど）によって堤防の役割をかねるようにした道路の整備も検討（けんとう）されています。このほか、高台への避難に役立つスロープや階段（かいだん）、海岸の景観を生かした親水公園（しんすい）、防潮林（ぼうちょうりん）を植えた緑の防波堤など、人々の使い勝手や景観に配慮したさまざまなアイデアが検討され、実現に向かっています。

このような、生活の利便性や海の景観を守りながら津波の被害を軽減する まちづくり は、東日本大震災の被災地だけでなく、日本各地で進められていくことでしょう。

対策

ここも見てみよう　ハザードマップ➡ p.40−41、田老の防潮堤➡ p.12、防潮堤・津波避難ビル・津波避難タワー・復興・盛り土・親水公園・防潮林➡ p.51−52用

6:04　津波警報 福島県
予想 3m　すぐ来る

すぐにげて！

福島沖でM7.3
津波警報

福島　いわき
中継

津波到達予想

津波警報
福島県　すぐ来る　3m
津波注意報
宮城県　午前 6:20　1m
茨城県　午前 6:20　1m
岩手県　午前 6:30　1m

■ 津波警報　■ 津波注意報

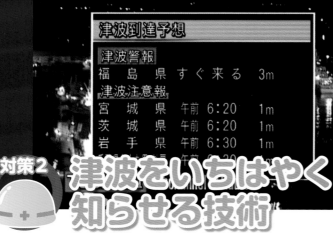

対策2 津波をいちはやく知らせる技術

▲津波情報を伝えるニュースのテレビ画面（2016年11月22日）
〈画像提供：NHK〉

⬛ すばやく発令される津波警報・注意報

　2016年11月22日の早朝、東北地方太平洋沖地震の余震とされる地震(M7.4)が福島県沖で発生し、沿岸地域に津波警報・注意報が発令されました。テレビやラジオ、防災無線などから、予想される津波の高さと避難をうながす指示が繰り返し流れました。このように津波の情報をいちはやく正確に出して住民に伝えることは、重要なソフト対策の一つです。現在、津波警報・注意報の情報は気象庁から出され、私たちに届けられています。

　津波は、おもに海底下で発生する地震によって生じます。したがって海底での地震を検知すれば、津波の発生と到達を予測することができます。震源から伝わる地震のゆれは、津波よりも圧倒的に速く沿岸に伝わるので、地震から津波の到達までの間に時間差が生じます。この時間差を利用して、津波が来る前にその到達時刻や高さを予測しているのです。南海トラフ地震のように地震から数分で津波が到達する地域もあるため、地震発生後3分以内に第1報を出すことになっています。

　気象庁には、全国の1700か所以上の地震計のデータが常に集められています。地震が起こると、その観測データをコンピュータで解析して、地震の発生位置（震源）と規模（マグニチュード）を推定します。この地震の推定から3分以内に津波の予測を行うことは、最新鋭のコンピュータでも難しいため、約10万通りの事前シミュレーションの結果にあてはめて津波予測を行います。その際、全国66の予報区ごとに津波の到達時間と高さを推定し、津波の高さに応じて「大津波警報」「津波警報」「津波注意報」が発表されます。特に巨大地震の場合には、正確な津波の高さを瞬時に予測することが難しいので、第1報では「巨

種類	発表基準	発表される津波の高さ		想定される被害ととるべき行動
		数値での発表（津波の高さ予想の区分）	巨大地震の場合の発表	
大津波警報（特別警報）	予想される津波の最大波の高さが高いところで3mを超える場合。	10m超	巨大	木造家屋が全壊・流失し、人は津波の流れにまきこまれる。沿岸部や川沿いでは、ただちに安全な高い場所へ避難する必要がある。
		10m		
		5m		
津波警報	予想される津波の最大波の高さが高いところで1mを超え、3m以下の場合。	3m	高い	標高の低いところでは津波が襲い、浸水被害が発生する。人は津波の流れにまきこまれる。沿岸部や川沿いでは、ただちに安全な高い場所へ避難する必要がある。
津波注意報	予想される津波の最大波の高さが高いところで0.2m以上、1m以下の場合であって、津波による災害のおそれがある場合。	1m	表記しない	養殖いかだが流失し、小型船が転覆する。海の中にいる人はただちに海から上がって離れる必要がある。

▲津波警報・注意報の種類〈気象庁資料より〉

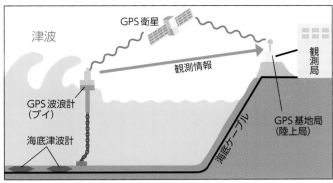

▲GPSと海底ケーブルによる津波観測（模式図）

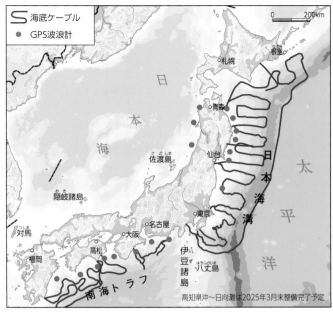

▲沖合いの津波観測のおもな設備〈国土交通省資料ほか より作成（2023年11月現在）〉

高知県沖～日向灘は2025年3月末整備完了予定

大」「高い」という表現のみで発表して非常事態であることを伝え、すばやい避難行動をうながしています。

　津波の第1報は早さを最優先するので、精度が下がる場合もあります。東日本大震災では、約3分間地震が続いたので、この段階で正確な地震の規模を推定できず、津波の規模を小さく評価してしまいました。「3mの津波」という警報に対し、実際にはその倍以上の高さの津波が来たところもありました。2016年11月の福島県沖の津波でも、宮城県では発生から2時間後に津波注意報が警報に変更されました。早い時点での情報には不十分な観測データによる誤算が含まれる一方、時間がたてば観測データが充実して情報はより正確になりますが、避難の時間がなくなります。注意報から警報へ更新されることもあり、常に新しい情報を得て避難を行う必要があります。

津波情報をキャッチする観測網

　気象庁の津波情報には、地震の観測データのほかに、津波を直接観測して得る情報も含まれます。沖合いで観測された津波のデータを解析することで、地震直後の予測を順次、改善することができます。

　沖合いの津波観測には、大きく分けて二つの方式があります。一つは、海面に浮かべたブイの高さを測定することで、海面の高さ、つまり波の高さを観測するものです。ブイの位置の高精度な測定にGPS（Global Positioning System）が用いられていることから、GPS波浪計とよばれています。東日本大震災では、実際に沖合いで津波をとらえ、当時の津波警報等が更新されました。もう一つは、海底で水圧を観測する海底津波計です。津波で海面が上昇するとその分だけ海底での水圧が上がることを利用し、水圧のデータから海面の高さを観測するものです。千島海溝・日本海溝・南海トラフ沿いに、海底津波計をつなぐ海底ケーブルで構成される観測網が整備され、そのデータによる津波の監視が行われています。

▲GPS波浪計
〈東北地方整備局釜石港湾事務所提供〉

国際的な津波警報システム

　1946年のアリューシャン地震津波をきっかけに、1949年、米国津波警報センターが設立され、国を越えて津波警報の伝達がはかられるようになった。しかし、1960年のチリ地震津波では、まだ環太平洋地域の情報共有ネットワークが完全ではなく、ハワイや日本で津波の被害が拡大した。そこで、国連の政府間海洋学委員会（IOC）の枠組みに基づいて、関係機関の連携が進められ、現在は、ハワイの太平洋津波警報センターを中心に情報が共有されている。2010年のチリ地震津波では、日本やハワイでの犠牲者はゼロだった。

 ここも見てみよう　津波の高さ➡ p.13、海底ケーブル➡ p.51 用、チリ地震津波（1960年）➡ p.35

対策

39

◀「カケアガレ！日本」の津波避難訓練
（岩手県 陸前高田市 2015年2月）

対策3 ハザードマップの活用と避難行動

津波発生時の避難行動

東日本大震災の被災地では、大津波を想定した避難訓練を実施する「カケアガレ！日本」という取り組みがあります。これは、避難訓練を通して東日本大震災の教訓や経験を伝え、地域の課題を見つけて みな で解決するなかで、避難行動を習慣化し、防災文化を根づかせるねらいがあります。上の写真がその一例で、2015年に行われた岩手県陸前高田市の津波避難訓練のようすです。大型ショッピングセンターという外出先での津波からの避難を想定し、地域住民や買い物客が従業員の誘導で約1.1km先の高台へ避難しました。また、車いす利用者の避難の手助けをしながら高台に着くまでの時間や経路が検証されました。この訓練を通して、歩道の段差や従業員の誘導などに課題も示され、解決に向けて行政や住民、企業間の連携が進んでいます。この取り組みは東北各地で行われているほか、国内にとどまらず、タイのプーケットなど海外にも広がっています。

津波から命を守り、少しでも被害を軽減させるためには、実際に訓練という場を設け、現場での判断力をつける必要があります。上の例のように、一人ひとりが津波や地域の特徴についてよく知り、津波から避難する具体的な方法を心得ておくことが何より大切です。それでは、津波から避難するときにはどのようなことに注意が必要なのでしょうか。まずは津波の特徴からふり返ってみましょう。

津波の発生の仕方は、地震のタイプや発生した場所によってさまざまです。北海道南西沖地震（1993年）のときのように地震が発生してからたった3分で津波が来ることもあれば、明治三陸地震（1896年）のように体感した地震のゆれが小さいのに大きな津波が来ることもあります。またチリ地震（1960年、2010年）やトンガ噴火性津波（2022年）では、震源があまりに遠く地震のゆれを直接感じませんでしたが、津波がはるばる太平洋を越えて日本まで到達し、被害が出ました。

津波が沿岸を襲うスピードはあまりにも速いので、海の変化を見てから避難するのでは逃げ遅れてしまいます。また、海から離れていても川の近くは危険です。どのような情報を得て、どのタイミングで避難を開始し、どのルートを通って安全な避難場所に移動するのか、それぞれの地域ごとに事前に確認しておかなければなりません。そして避難するときには、避難経路や避難場所をとっさに判断することが重要になります。そのため、どのくらいの高さの津波が何分で来るのか、遠くの高台を目指すのか、近くの津波避難ビルに逃げるのかなど、日頃から考えておくようにしましょう。加えて、自分のまわりに高齢者など避難の手助けが必要な人がいるかどうかも事前に確認しておくことで、一人でも多くの命を救うことにつながります。

津波は何回も繰り返し襲来することが多く、しかも第1波が最大とは限りません。せっかく津波が来る前に避難

▲津波を想定して実施された列車からの避難訓練（神奈川県 横須賀市 2018年9月）

地震発生後、津波は最短2分で来襲！揺れが収まったら、すぐに高台へ避難を!!

津波発生の恐れがある場合はいち早い避難行動が重要です。いざという時のために各エリアごとの安全な避難方法を確認しておきましょう。

西海岸エリア

手付かずの大自然が広がる西海岸エリア。海底火山の噴出物が海底に積み重なり、盛り上がった少々な風形に削られて現在の姿になっています。

避難経路
- 高台に登る道が、ソデ浜、荒崎浜、田下にあります。
- 高台に通じる道まで距離がある場合は、灯台や近くの高い場所を目指してすぐに避難してください。

注意点
- 歩道は、足元が悪い場所も多いので、十分注意して避難してください。
- 駐車中は、事前に高台に駐車する場所を確認しておくことが大切です。
- 防災無線が聞こえましたら、地震が収まったら、すぐに高い場所に避難してください。

海水浴場エリア

小松浜海水浴場は、透明度抜群の海で、入り江のため波も穏やかです。

避難経路
- 海水浴場の裏に大きな橋（農道）があります。橋は高台に繋がっているので、登って高台を目指してください。

注意点
- 避難する際は、足元に注意し、靴やマリンシューズを履いて避難してください。

夜間の注意点

- 島の夜は暗い！
  夜間は明かりが少なく、足元が見えにくいので注意してください。
- 懐中電灯を持って避難！
  宿泊施設などでは、どこに懐中電灯があるか確認しましょう。
  懐中電灯が常備されている人は、枕元等、寝る際に取れる場所に置いておきましょう。
- 靴を履いて避難！
  絶対に裸足で避難せず、必ず靴を履いて避難しましょう。

定期船発着所・宿泊施設・住宅エリア

定期船発着所、宿泊施設、住宅が広がるエリア。自転車無料貸出も、診療所、郵便局、市とびしま総合センターなどもこのエリアにあります。

避難経路
- 避難路が14本あります。地図の赤線が避難路の位置です。
  避難路の入り口には、この看板があります。
  日中に、この地図を見ながら、避難路の場所を確認しておくと安心です。

注意点
- 避難する際は、大事な頭を守るために、屋根瓦からの落下物に注意してください。
- 避難の際には、無理せず落下物など、足元にも注意しましょう。

飛島診療所
- 常駐医師はいませんが、看護師が常駐しています。
- 必要な場合は、医師による遠隔テレビ診療を行う場合があります。
- 応急処置が必要な場合、ドクターヘリなどで救急搬送をする場合があります。

山グラウンド
- 高台には、山グラウンドと呼ばれる避難場所があります。
- グラウンドには、避難小屋・トイレが設置されています。
- 津波で島内が大きな被害を受けた時には、救助が来る当日から小可能性もあるので、発電機、テント、スコップ等も配備されています。

▲山形県酒田市飛島の津波防災のリーフレット〈山形県酒田市提供〉

ていることが多いので、複数のシナリオがあれば比べましょう。そうすることで、規模の違いによって、津波の高さや浸水範囲が違うことがわかります。また、避難先も1か所に絞らずに複数の候補を考えておくと、さらによいといえます。

東日本大震災のときには、ハザードマップが津波による浸水を過小に想定していたことがわかって問題となりました。この教訓から、ハザードマップの浸水想定範囲などの情報はさまざまな努力によって改善され、信頼度の高いものになってきています。しかし、その想定をそのままうのみにせずに、津波の規模が予想以上に大きかったり、予想よりも早く来たりしたときのことも考え、状況に応じて逃げる意識も忘れてはなりません。

このようなハザードマップを観光客にもわかりやすいように作成した事例があります。山形県酒田市は、山形県唯一の有人離島・飛島を訪れる観光客や島民の防災力向上のために、地震により津波が発生した際の避難行動や事前の備えを紹介するリーフレットと動画を作成しました。それらは、地震発生後数分で津波が来襲することを伝え、飛島の各地からの避難経路や避難の際の注意事項・事前の備えを紹介しています。美しい飛島の自然が満載の映像になっていることも特徴です。本動画は、インターネットの動画サイトで公開されるほか、飛島への定期船乗り場などで上映されています。リーフレットは酒田駅前観光案内所や市役所で配布されています。地域の状況を考慮し、身近な情報をとらえ、確実な避難につなげることが大切です。

できても、その後、自分の判断で家に戻ったり、知人を探しに行ったりして、第2波以降の津波に飲み込まれてしまった例もあります。したがって、津波警報の解除前に自己判断で家に戻らないことが大切です。なお、たとえ津波に飲み込まれても、近くの流木や畳などにつかまって漂流し助かった例もあるので、あきらめてはいけません。

発生前にできること

実際に自分の暮らす家や学校周辺では、どのように避難をしたらよいのでしょうか。地域の特徴を知り、避難経路や避難先を事前に考えるうえでの第一歩は、地域の「津波（浸水）ハザードマップ」を活用することです。

津波ハザードマップを見れば、津波の浸水範囲、到達時間や高さ、避難経路、避難先をあらかじめ確認しておくことができます。ただし、それらは対象となる津波の大きさなど、いくつかのシナリオ（筋書）に基づいて想定され

ここも見てみよう　岩手県陸前高田市 ➡ p.21、北海道南西沖地震（1993年）➡ p.9、津波の性質 ➡ p.12−13、避難場所・津波避難ビル・ハザードマップ ➡ p.51−52用

対策

◀百人一首に詠まれた「末の松山」（宮城県 多賀城市）

ちぎりきな　かたみに袖を　しぼりつつ

末の松山　波こさじとは

（互いに涙に濡れた袖をしぼりながら約束したのに。末の松山を波が越すことはあり得ないように、決して心変わりしないと）

清原元輔

対策4 後世に語り継がれる津波の警告

は869年の貞観地震での大津波がここまで到達したが小山は水没しなかったことによるといわれています。東日本大震災でも津波が到達しましたが、小山は水没しませんでした。

津波の痕跡の研究によって新たな事実が判明することもあります。1611年に発生した三陸沖の地震・津波が、東日本大震災後の古文書の発見や見直し、津波による堆積物の解析などによって、三陸だけではなく仙台平野など広範囲に影響していたことがわかり、この地震の名称が慶長三陸地震から慶長奥州地震へと改められました。東日本大震災は1000年に1度の大津波だといわれますが、実は400年前にも大津波が東北地方を襲っていたのです。

また、日本の各地には「津波碑」とよばれる石碑が残されています。そのおもな目的は、津波による犠牲者の供養と、被災経験や教訓を後世に伝えて津波被害を軽減することです。東日本大震災の事例でみると、津波碑のある地域では、ほかの地域よりも亡くなった方の割合がやや少なかったことが明らかになっています。

東日本大震災の際、「末の松山」と同様に、岩手県では多くの津波碑が浸水せず、避難の目標地点となりました。例えば、岩手県普代村太田名部と洋野町八木にある津波碑は、毎年供養祭が行われ、津波からの避難の目安にもなっています。東日本大震災のときには住民が津波碑の周辺やそれより上に避難したので、どちらの地域も犠牲者はゼロでした。また宮古市重茂姉吉や陸前高田市広田

昭和三陸津波標柱

▲「(ここより)低いところに住家を建てるな」と記された津波標柱（岩手県 陸前高田市広田）　津波標柱より海側（写真奥）は、2011年の東日本大震災で浸水し、家屋被害があった。

各地に残る津波の教訓

津波は毎年のように起こるわけではありませんが、同じところで繰り返し発生することが多いので、過去の津波の痕跡や、津波を伝える古文書・石碑・言い伝えなどが今後の防災のための重要な手がかりになります。これらによって、海岸から思いのほか遠いところや高いところまで津波が来ていた事実が見つかることもあります。

例えば、宮城県多賀城市にある「末の松山」という小山は海岸から2kmほど内陸にあり、百人一首などの和歌では「波が越えるはずのない場所」として登場します。これ

にある津波碑には、碑よりも低いところに家を建ててはいけないことが記されており、実際に東日本大震災ではここから上に被害はありませんでした。

これに対して、宮城県名取市閖上には二つの津波碑があり、「地震があったら津波の用心」と記されています。しかし、東日本大震災の前には津波碑があることはあまり知られておらず、「閖上には津波は来ない」という伝承さえありました。碑があるだけでなく実際に過去の経験や教訓を語り伝えることが重要だということを物語っています。

津波碑は、東北地方だけでなく全国各地にあります。例えば、宮崎県宮崎市木花にある津波碑は、1662年の地震のときに建立されたもので、50年ごとに供養祭が行われています。供養祭のたびに供養碑が追加で建立されて、津波の記憶を伝えるしくみがつくられています。

■ 大津波の記憶をこれからの防災に生かす取り組み

東日本大震災の被災地では、震災の経験をのちの世代に伝え、津波による被害を軽減するためのさまざまな活動が行われています。

例えば、児童や生徒による活動として、「女川いのちの石碑」があります。2011年当時、小学6年生だった宮城県女川町の子どもたちが中心となり、自分たちの成人式の日までに21基を目標に石碑を建立しています。また岩手県の大槌高等学校では、生徒が「石」ではなく、あえて朽ちる「木」を使って記念の碑を建立しています。これは朽ちる木碑を建て替えることで、そのつど震災を思い出して被害の記憶が風化することを防ぐという意図があり

▲津波の到達点に桜を植える「桜ライン311」の取り組み
（岩手県 陸前高田市 2011年11月）

ます。さらに宮城県の多賀城高等学校では、災害科学科が震災後に開設され、災害についての幅広い知識を習得するとともに、生徒が町歩きをして東日本大震災の津波による浸水の高さを測量し、「津波波高標示プレート」を市内の各地に設置するという活動を続けています。

また、岩手県陸前高田市では、津波が到達した高さに沿って170kmにわたって1万7000本の桜の木を植えて、津波の記憶を伝えていこうという活動「桜ライン311」が続けられています。このほか、震災によって被害を受けた建物をそのままの形で残して、「震災遺構」として津波の経験を後世に伝える取り組みも進められています。

▲「津波波高標示プレート」を確認する多賀城高等学校の生徒たち
（宮城県 多賀城市 2015年）

多くの命を救った「稲むらの火」

「稲むらの火」は、1854年安政南海地震の際、現在の和歌山県広川町での実話をもとにしたエピソードである。「地震後の海の異変を見て津波を予想した一人の庄屋が、高台に積まれた稲むら（かりとったあとの稲のわら）に火を放って、火事と思わせて村人を集め、津波から多くの命を救った」というこの話は、地震後の津波の危険性や早い避難の必要性を伝えている。小泉八雲の小説を通して広まり、現在でも、国内外の多くの学校や自治体で防災の教訓として語り伝えられている。

ここも見てみよう　慶長奥州地震➡ p.9、岩手県（普代村、洋野町、宮古市、陸前高田市）・宮城県（多賀城市、名取市、女川町）➡ p.21、風化➡ p.52用、震災遺構➡ p.45、「稲むらの火」（安政南海地震）➡ p.29、34

対策

公益社団法人 3.11メモリアルネットワーク

NPOが取り組む石巻市の防災とまちづくり

▲復興祈念公園、震災遺構により学びの場となった石巻市南浜・門脇地区（2023年8月）
▶「3.11メモリアルネットワーク」のスタッフ

石巻の魅力

　宮城県石巻市は、流域面積・総延長とも東北最大の北上川が太平洋と交わる河口部に位置します。豊かな水資源に恵まれたこのまちは古くから舟運がさかんで、内陸より川船で運ばれた米を千石船に積み替え、江戸へと送り出していました。当時のまちのにぎわいを、松尾芭蕉は『奥の細道』に「数百の廻船入り江につどい、人家地をあらそいて竈の煙立ちつづけたり（港には数百の船が集まり、人家が隙間なく並んでいて、かまどの煙が絶えず立ちのぼっている）」とつづっています。石巻はその後も川湊として発展してきました。

　親潮と黒潮が交わる三陸沖の豊かな漁場からは約200種類もの魚介類が水揚げされ、日本有数の水産業のまちとして発展してきた一方、市西部に位置する工業港周辺には飼料、合板、製鉄などの工場が軒をつらね、なかでも製紙工場は水産業と並ぶ基幹産業として市の発展を支えてきました。

　また近年では、震災前から石ノ森萬画館を開館し、まちのあちこちに仮面ライダーのモニュメントを置くなど、マンガを生かしたまちづくりに力を入れていました。

「最大の被災地」といわれて

　東日本大震災の甚大な被害を受けた自治体のなかで、石巻市は「最大の被災地」といわれていました。市街地は6〜7ｍ、半島部のリアス海岸は20ｍを超える大波が襲い、5万6000棟を超える家屋が被害を受け、一時は5万を超える人々が避難生活を送りました。死者・行方不明者は関連死を含めると3600人（2023年石巻市発表）を超え、今もわが子を捜し続ける遺族がいます。

　私は発災9日後に救出されましたが、大津波に流され瓦礫のなかで避難行動を起こせなかった後悔、率先して避難することで救えた命があったのではという自責の思い、現実に向き合うことのできなかった日々を、今も忘れることはありません。あの日からの年月を私と同じような後悔とともに過ごした多くの方々がいるなかで、全国か

らの支援や市民の主体的な活動の継続によって、現在では「多くの命が失われた悲劇の場所」から、東日本大震災の教訓を継承し「災害で命が失われないための学びの場」、「命について考える追悼の場」として多くの方々が訪問されています。

復旧・復興に立ち向かう市民とNPO

震災直後には、全国から延べ約28万人の個人、NPO・NGOが石巻へ支援に集いました。NPOが支援した炊き出し数は87万食にのぼり、行政や自衛隊の公的な支援を上まわるほどでした。被災の全容を把握することすら困難な状況であったため、自然に行政や石巻市災害ボランティアセンター、NPOが情報共有・役割分担をするようになり、各団体間の連絡・調整の場づくりをつとめたのが、当団体「3.11メモリアルネットワーク」の始まりです。

NPOによる炊き出しや災害廃棄物の清掃などの被災者への直接的な支援が収束し、住民自身の主体性が重要となる段階でも、コミュニティづくり、子どもの支援、まちづくりなど、行政と住民の連携が欠かせない取り組みに、NPOが大きな役割を果たしています。

震災支援の連携から、震災伝承の連携へ

石巻市では、東日本大震災の被害と教訓を後世へと伝えていく市民主体の取り組みが続いています。「3.11メモリアルネットワーク」では、「命をつなぐ 未来を拓く」をテーマに掲げ、震災を体験した市民による「語り部」や伝承施設の運営、東北3県をつなぐネットワークづくりを行っています。また、津波被災地域の「過去～現在～未来」を伝えるスマートフォンアプリ「津波伝承AR」を参照しながら歩く「アプリツアー」、被災現場や避難経路を参加者とたどりながら当時を追体験する「語り部と歩く3.11」、コロナ禍での来訪者激減に対応した「オンライン語り部」など、少しでも防災を自分ごととしてとらえてもらえるよう新しいプログラムを開発してきました。なかでも「語り部」関連のプログラムにおいては、1247名の児童・生徒に、参加者を対象とした追跡調査(2022年3月)に協力いただき、参加者自身の防災意識の向上や、家族と災害時の対策を話すなど防災行動の変化をうながす力がある

▲MEET門脇内の展示のようす　写真は常設展示の一つで、震災をテーマにした漫画動画。

ことが確認されています。

津波によって住宅が流出した石巻市南浜・門脇地区には、2021年3月に国・県・市が管理する石巻南浜津波復興祈念公園が、2022年4月に石巻市の震災遺構門脇小学校がオープンし、東日本大震災を伝え続ける場所となりました。

私たちも、多くの支援をいただき石巻南浜津波復興祈念公園隣接地に2021年に伝承施設「MEET門脇」を開館し、地域の生存者100名から丁寧に聞きとりした3.11の避難行動から見出された「避難の連鎖」や、当時の子どもたちの目線で描かれた漫画動画や漫画冊子を使って、未来の命を守る行動をうながす場として運営しています。

多くの伝承施設が整備され、さまざまな伝承活動が展開される一方で、あの日からいくら時が過ぎようとも心に痛みを感じる人々がいるのも事実です。地元に密着したNPOとして、そのような方々の声も聞きながら、行政や研究者、学校などと連携し、未来の世代の命を守るために、よりよい震災伝承のあり方を模索し続けています。

（公益社団法人 3.11メモリアルネットワーク　阿部 任）

▲「石巻市震災遺構門脇小学校」　タブレットを使って参加者に解説するなど、南浜門脇地区をめぐる防災学習ツアーが行われている。

ここも見てみよう　石巻市空撮➡ p.7、東日本大震災➡ p.14−27、NPO・NGO・復旧・復興・語り部➡ p.51−52 用

豪雨に比べ津波の発生は予測困難です。そのうえ津波はとても速く伝わるので、沖合の変化に気づいてから行動を起こしては避難できません。そこで大切なのは、状況に応じて的確な行動ができるよう日頃から考えておくこと。津波ハザードマップとクロスロードから、災害時の対応をイメージしてみましょう。

津波ハザードマップを読み解こう

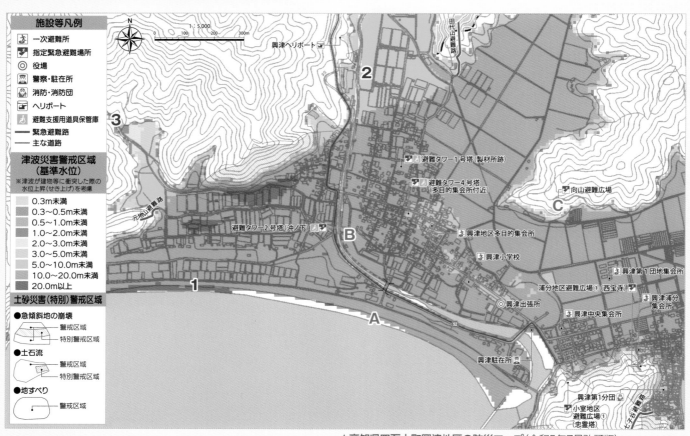

▲高知県四万十町興津地区の防災マップ（令和5年7月改訂版）〈高知県四万十町提供〉

1 123の予想浸水深は何mですか？　ハザードマップの凡例も参考に確認しましょう。

2 あなたは、友だちとAにいたとき地震に遭遇したとします。
あなたはすぐに避難しようとしますが、友人は「荷物をまとめるから10分待って」とあなたに伝えます。あなたは友人にどのように避難をうながしますか？

3 まちの防災スピーカーからは津波警報が流れています。
地震発生時、Aにいたあなたは、BとCのどちらに避難しますか？　それぞれのメリット・デメリットについて話し合いましょう。

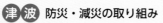

家族みんなで海水浴に出かけたあなた。人気の海水浴場で、県内外からの旅行客で海岸はごった返している。初めて訪れた場所にあなたは興奮がさめない。さっそくお父さんと弟と3人で浜辺へ出かけた。

浜辺にいるとき、突然、地面がカタカタとゆれ出した。遠くの電線や建物の窓ガラスも小きざみにゆれている。ゆれは比較的大きかったものの、すぐに止まった。周囲から「ゆれたね」という声が聞こえた。

Q1 津波からの避難をうながす放送や情報はまだない。

大きなゆれであったにもかかわらず海の家の地元のおじさんは、慌てるようすもなく地震のあとの片づけを始めた。一方、あなたは学校で津波災害を勉強したばかり。津波が来るかもしれないと不安でたまらない。あなたはまわりの人に声をかけながらすぐに避難する？

避難する

避難せずにようすを見る

考察ポイント！

①あなたが避難を決めたなら、できるだけ高く安全な場所に行くことが重要だ。高い場所が近くになければ、ビルなどの丈夫な建物の、できるだけ上階に行くことが大切である。

②あなたが避難せずにようすをみるなら、のんびりと過ごさず、まずは防災無線やラジオ、携帯電話などから最新の情報を集めよう。避難すべきか否かで迷うなら、すぐに避難するべきだ。「どうせ津波は来ないだろう」と油断してはならない。

③沿岸で強い地震を感じたら、まず津波を警戒する意識をもたなければならない。例えば、南海トラフ地震が起こったら、早いところでは数分で津波が到達するため、一刻も早い避難が求められる。

Q2 防災無線のサイレンが鳴り、2mの津波が来ることが予想されるとの津波警報が流れた。

あなたのお母さんは、朝からお腹の調子が悪く、1人でホテルの1階の部屋で休んでいた。津波に備えて早く逃げなければならないが、あなたはお母さんのようすを見にホテルに戻る？

ホテルに戻る

まずは避難する

考察ポイント！

①あなたがホテルに戻るなら、移動途中にあなたは津波に追いつかれるおそれがある。一方、お母さんは自力で避難して無事かもしれない。

②あなたが避難を選べば、お母さんのことが心配だろう。それでも、津波が発生しそうな時は、何より自分の命を守ることが最優先だ。

③海辺で過ごすときは、各自治体がホームページなどで公表している津波ハザードマップを事前に確認し、避難場所をみんなで共有しておくことが重要である。旅行先で滞在が短い場合でも、今いる場所の標高や近くにある高い場所を少し意識しておくことで、万一のときの判断材料になる。

🔍 ここも見てみよう　旅行客が巻き込まれた津波（日本海中部地震・インド洋津波）➡ p.8、34、避難時の「津波てんでんこ」➡ p.26−27、南海トラフ巨大地震の津波の想定➡ p.32−33、津波避難の注意点・ハザードマップ➡ p.40−41

アクティビティ

防災マップづくりを通して地域とかかわろう

　まちの防災マップづくりが全国の学校や自治会などで行われています。自ら地域を歩き、人と接し、土地の暮らしに目を向けることで、さまざまな発見があります。さらに、その発見を地図に書き込むことで、地域の防災意識は高まり、住民どうしのつながりが深まります。愛媛県宇和島市中浦地区・板の浦地区では小学生が下のマップをつくりました。小学生たちはどんなことに気づき、どんな活動に取り組んだのでしょう。

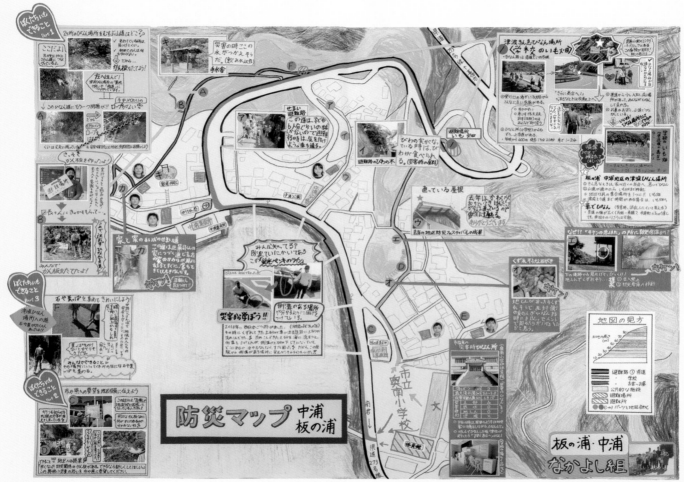

▲第18回「小学生のぼうさい探検隊マップコンクール」(2021年度)文部科学大臣賞受賞作品
〈https://www.sonpo.or.jp/about/efforts/reduction/bousai_sp/〉

防災マップづくりの進め方

①テーマを決める
　あなたが住んでいる地域で想定されている自然災害を調べてみましょう。また、あなたの家や学校がどのような場所にあるかを調べてみましょう。
[テーマの例]
津波、洪水、崖崩れ、火山の噴火、液状化現象、など。

②調査の準備
　調査方法を具体的に考え、さらに調査結果を予想します。予想と異なる結果から、見落としていたことに気づいたり、新たな発見につながったりします。聞き取りをする場合は、事前に相手の人に連絡をし、質問事項もまとめておきましょう。

③屋外調査
　屋外調査では、通ったところや気づいたことを地図やノートに記入します。カメラやビデオで記録しておくと調査後に整理するときに役立ちます。また、聞き取り調査では、事前に許可を得ておき、お話を録音させてもらうと、調査後にまとめるときに役立ちます。

④マップづくり
　調査地域の通路や建物などを描いた地図を用意しましょう。そこに屋外調査、地図や写真、本や統計でわかったことを書き込みましょう。数値は表やグラフにするとわかりやすくなります。比較して違いや変化が読みとれるようにしましょう。

⑤発表
　自分たちの予想した結果と調べた結果を比較して、予想どおりだった点や異なった点を理由とともに整理しましょう。そして、防災マップを地域の防災にどのように役立てることができるか話し合い、できることから実行してみましょう。

事例地「中浦・板の浦地区」の特徴

宇和島市の北西部、宇和島湾にのびる岬のつけ根位置するこの地区は、海と山にはさまれた自然豊かな地域です。南海トラフ地震発生時には、発生から約30分で約10mの津波が到達すると想定されています。

▲中浦・板の浦地区の位置

《国土地理院 電子地形図25000を加工して作成》

防災マップづくりを通した 気づき その2 災害発生時をイメージして避難ルートの問題点を発見

マップづくりで心がけたのは、災害時をイメージしてまちを歩いて調べることでした。「よそのまちから来た人は避難所にたどり着けるだろうか。非常時はパニックを起こしがちだから、地元の人でも道を間違えるかも」。そこで取り組んだのが避難所への案内板の設置です。しかし、自分たちだけで看板はつくれません。看板づくりは家の人の力を借り、設置許可は地区長に申し出ました。

避難ルート上の手すりの破損にも気づきました。坂道を歩く際、お年寄りには手すりが助けになります。残っていた杭と杭の間にロープを渡し、手すりにしました。ただ、頑丈さに不安が残ります。そこで安全性の確認を地域の消防団にお願いしています。

災害時を想像しながらまちを歩いたことで、防災上の課題が見出せたことは大きな成果です。もう一つ注目したいのが、大人たちに協力を仰いだことです。さまざまな立場の人と防災対策を進めることで地域内の連携が広がり、防災が根づいた未来の地域へとつながります。

防災マップづくりを通した 気づき その1 まちの大部分が10m以下

地図に土地の高さを書きこんだことで、集落の海抜が10m以下であることがひと目でわかるようになりました。また、避難所の小学校体育館の場所も海抜が低く、津波発生時には避難所に適さないことが確認されています。

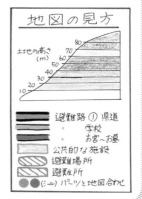

防災マップづくりを通した 気づき その3 津波以外の災害にも注目

集落は2018年に土砂災害にあった経験から、小学生たちは津波以外の自然災害にも注目しました。まちには「急傾斜地崩壊危険区域」の看板が立っています。そうした看板のなかには、設置してから時間が経過し、文字が読めなくなっているものや、倒れているものがありました。そこで看板を新しく立てかえるよう、地区役員を通じて市や県に働きかけています。防災対策においては、津波や地震、豪雨などとさまざまな災害を視野にいれた取り組みが大切です。

防災マップづくりを通した 気づき その4 日常管理で防災力を高める

まちを調査中、避難ルート上の小石や落ち葉にも目がとまりました。移動中に小石につまずくかもしれませんし、落ち葉で足をすべらせるかもしれません。そこで、小学生たちは休日の清掃活動を地域に提案しています。大がかりな対策も重要ですが、地域の防災力を高めるためには日頃の取り組みが欠かせません。

防災マップづくりに向けて

👆 中浦・板の浦の防災マップを参考にして、あなたが住んでいる地域で防災マップをつくるとしたらどのようなテーマにすべきかを考え、ノートに書き出してみよう。

 ここも見てみよう 南海トラフ巨大地震の津波の想定➡ p.32−33、自助・共助➡ 1巻 p.42−45

おわりに

　私たちが暮らす日本は、適度に暖かく、適度に雨が降る地域にあるため、美しく豊かな自然に恵まれています。山に目を向ければ、春の新緑や秋の紅葉など、四季折々の美しい景色を楽しむことができます。そして、山間には数多くのせせらぎをみることができます。また、海に目を向ければ、美しい砂浜が続く海岸、荒々しくも雄大な磯の風景などをながめることができます。

　昔から、日本人はこうした自然をたくみに利用してきました。稲の生育に適切な気温と降水のおかげで、米づくりの文化を育んできました。また、火山の周辺にわく温泉を病気やけがをなおす場として利用したりもしてきました。さらに、海は魚などの食料を得る場として重要であるだけでなく、海水浴やマリンスポーツの舞台としても活用されています。日本は世界のなかでも最も自然に恵まれ、自然とともに歩んできた国の一つといえるでしょう。

　しかし、自然は常におだやかで恵みだけをもたらすとは限りません。恵みの大地は思いもよらぬところで大地震を起こし、都市や建物を破壊することがあります。また、大きな地震は津波を引き起こし、多くの人命や財産をうばうこともあります。火山は噴火による火山灰を広範囲にまき散らし、溶岩や火砕流が近くの集落を飲みこんでしまうこともあります。ふだんは恵みの雨であっても、長時間同じ場所に降り続けることによって、洪水や土砂崩れなどを引き起こすこともあります。自然は恵みでもあり、おそれの対象でもあるのです。

　このように、私たちにとってかけがえのない自然は、「恵み」と「おそれ」の両面をもっており、それは人間の力の及ぶ範囲をはるかに超えています。そのため、ときとして大きな災害をもたらすことがあります。そのときに被害を最小限にくいとめられるよう、災害が起こるしくみを正しく理解し、防災への取り組みをふだんから心がけることは、とても大切です。そうすれば、いざというときに正しい判断と適切な行動によって、自分の命を守れるに違いありません。また、自然災害にあってしまった人たちを一人でも多く助けることができることでしょう。この本はそうした思いを込めて、災害が起こるしくみ、防災の取り組み、災害にあったときの心がまえをできるだけわかりやすくまとめました。

　読者のみなさんが将来にわたって、この本で学んだこと・感じたことを心に刻んでくれることを願っています。そして、万が一災害に巻き込まれたときに、この本に書かれていることを思い出して、困難を乗り越えてくれることを祈っています。

帝国書院編集部

■ NPO・NGO

NPOは「非営利組織」を意味する英語(nonprofit organization)、NGOは「非政府組織」を意味する英語(nongovernmental organization)の略称。どちらも民間の組織(団体)であるが、一般の企業とは違って利益を上げることを目的とせず、さまざまな社会的活動を行う。NPOがおもに国内的な活動をする組織をさすのに対して、NGOはおもに国際協力事業を行っている組織をさすことが多い。

■ 遠地津波

沿岸から600km以上離れた場所で発生した地震による津波。地震のゆれを感じずに津波が沿岸を襲うことになる。日本ではチリ地震津波(1960年)などの被害が出ている。日本での遠地津波の予報は、気象庁がハワイの太平洋津波警報センターと協力して情報を集め発信している。

■ 押し波・引き波

津波が海から陸地へ押し寄せてくる波を押し波、海へ引いていく波を引き波という。津波は引き波から始まるという言い伝えもあるが、第1波がどちらかは、発生のようすや地形などによって異なるので注意が必要である。

■ 海溝

海溝の英語(trench)は「溝」「堀」という意味で、海に関しては細長く深さが6000m以上の海底の溝をさす。太平洋の周囲に多く、津波の原因となる地震を起こすことが多い。東北地方太平洋沖地震(2011年)の震源となった日本海溝は長さ約800km、幅約100kmで、最大深度は8000mあまりである。

■ 海底ケーブル

ここでの「ケーブル」は通信のための「電線」のことである。衛星通信を含む無線通信が発達した現在でも、海底ケーブルは衛星通信よりも安定しているので、海外との通信などで活用されている。津波観測では、海底に設置した水圧計からの情報が海底ケーブルを通して得られている。

■ 仮設住宅

(応急)仮設住宅とは、災害によって住宅を失い、自力での再建がすぐには難しい人に対して、行政が応急的に建設し貸し出す住宅のこと。災害発生から20日以内に建て始め、一定の貸与期間が定められている。仮設住宅は公園などの空き地に設けられ、入居は抽選となる場合も多い。そのため、もとの居住地からはなれて生活しなければならなくなることもある。

■ 語り部

もともとの意味は、まだ文字がなかった大昔に、歴史的な言い伝えを覚えていて人々に語り伝えた人(それを職業にした一族)のことで、例えば「古事記」は語り部が語り伝えてきた内容を文字で表したものである。災害に関しては、災害の体験を語り伝える人をさして使われている。

■ 災害関連死

地震により建物の下じきとなったり、津波に飲まれたりするなどの直接の被害ではなく、災害の影響によって避難中や避難後に亡くなること。例えば、避難所生活での環境の激変で衰弱したり、十分な医療・介護を受けることができなかったり、災害による精神的なダメージを受けたりして死にいたる場合で、特に高齢者に多い。阪神・淡路大震災(1995年)以降に制度化され、災害関連死と認定されれば災害弔慰金の支給対象となる。震災によるものは「震災関連死」ともいう。

■ 地すべり

ゆるい傾斜の土地で、長雨や雪どけによって地下水がいっぱいにたまり、その地下水と重力によって広範囲の土地(土のかたまり)がゆっくりと下に向かって移動すること。地すべりが起こる原因は複雑であるが、特定の地質的条件(その土地の岩石や土の種類など)も関係しているので、地すべりが起こりやすい地域は明らかになっている。地震や火山噴火などがきっかけとなって起こることもあり、海に大量の土砂が流れ込むと津波を発生させることもある。

■ 親水公園

文字どおり「水に親しむ」公園で、海岸や川岸などに、土地の条件を生かしてさまざまな形でつくられている。以前は災害を防ぐためだけに堤防などがつくられていたのに対して、堤防などを建設・改修する際には、防災を目的とすると同時にレクリエーションへの活用や景観にも配慮するようになってきている。

■ 大陸プレート・海洋プレート

プレートは大陸プレートと海洋プレートに分けられる。日本周辺のプレートのうち、ユーラシアプレートと北アメリカプレートは大陸プレート、太平洋プレートとフィリピン海プレートは海洋プレートである。大陸プレートは地球誕生以来のきわめて古い岩石であるのに対して、海洋プレートは比較的新しく、地球内部のマントルがわき出して形成されたと考えられている。海洋プレートは大陸プレートより重いため、大陸プレートの下に沈み込みやすい。

■ 津波地震

地震のゆれが比較的小さいにもかかわらず、大きな津波を起こす地震。原因は明らかでないが、海底の断層が通常の地震よりもゆっくりとずれ動くことなどが関係していると考えられている。明治三陸地震津波(1896年)などが典型例で、震度2～3程度で無警戒だった沿岸部を大津波が襲い、約2万2000人の死者を出した。

■ 津波避難ビル・津波避難タワー

津波から避難するための建物。高台まで遠い場合や、津波の到達まで時間がない緊急の場合に一時的に避難するためのものであり、ここにいれば安全という保証はない。津波避難ビルは、防災対策の一つとして事前に指定しておくことになっているが、指定がなかなか進まないこともある。津波避難タワーは、平野で近くに高台がない場所に建設される。最近では、数日分の食料備蓄などを備えた避難タワーもつくられている。

■土石流

山地のなかの谷(川底)にある多量の岩石や土砂が、集中豪雨などによって水と混ざり、速い速度(時速20～40㎞)で急激に下流に押し流されること。昔は山津波とよばれていた。大量の土砂が海に流れ込み、津波を引き起こすこともある。土砂をくいとめるための砂防えん堤の建設などの対策が進められているが、毎年のように発生している。

■トラフ

トラフ(trough)の意味は「舟」「かいばおけ」などで、天気予報での「気圧の谷」という意味もある。海に関しては海溝よりもやや幅が広くて深さが6000㍍より浅い海底のくぼみをさす。特に伊豆半島～九州沖に東西にのびる南海トラフは、深さは5000㍍にも達しないが、これまでの経験から今後も大地震が起こることが予想されているので警戒が必要である。

■ハザードマップ

災害による被害を最小限におさえるために、災害が起こった場合に予想される被害を示すことが基本で、さらに避難経路・避難場所などがわかるように作成された地図。「ハザード」とは災害を意味する言葉で、水害、地震・津波、火山噴火などさまざまな自然災害について、多くの地方自治体(都道府県・市町村)が作成している。

■避難場所・避難所

(緊急)避難場所とは、災害の危険からのがれ命を守るための施設や場所のことである。一方、避難所とは、住宅に災害の危険がある人や自宅に戻れなくなった人が一時的に滞在するための施設や場所のことである。どちらも津波や洪水などの自然災害に応じて、安全が確保できる施設を各市町村が指定している。

■風化

もともとの意味は、岩石が雨、風、高温、凍結などのさまざまな原因でこわれてゆく自然現象で、平野や海岸などの土や砂は岩石が風化した結果である。災害に関しては、災害の体験・記憶が年月がたつとともにしだいに忘れられていってしまうという意味で使われている。

■復旧・復興

復旧とは、被災した道路・河川などの土木施設や、学校などの公共施設の工事を進め、町全体を災害前のもとの状態に戻すことを意味する。復興とは、もとよりもより安全で快適に再建し、地域振興をはかることを意味する。津波災害では、被災範囲が広く町のさまざまな機能が被害にあうため、復旧・復興には長い時間がかかる。

■プレート運動

地殻とその下のマントルの上部とが合わさった厚さ100㎞くらいのかたい岩石の層をプレートという。プレート運動とは、地球の表面をおおっている十数枚のプレートがマントル内部の対流によってゆっくりと水平方向に動いていることで、地殻変動や火山活動などの原因となっている。

■防災無線

非常時に、都道府県・市町村をはじめ、消防署・警察署・病院・学校などさまざまな機関を結ぶ無線通信システムで、一般の通信網が使えなくなっても通信できるようにしている。市町村から住民に情報を伝えるときには、各地に設置した屋外スピーカーを使うことが多いが、各戸に受信機がある地域もある。これらは、災害のときだけではなく、日常的な広報の手段としても使われていることが多い。

■防潮堤

津波・高潮などに対する対策として海岸につくられる堤防。場所によって高さや長さはさまざまである。例えば、岩手県宮古市田老(旧田老町)の防潮堤は高さ10m、長さ2.4kmで、「万里の長城」とよばれていたが、東日本大震災の津波では防潮堤の一部が破壊されただけではなく、破壊されなかった部分も津波が乗り越えてしまい、大きな被害が出た。このことは、防潮堤だけで津波の被害を完全に防ぐことはできないことを示している。

■防潮林

津波・高潮や台風などによる高波に対する対策として海岸に沿って植えたもので、防砂林などとともに保安林の一種である。これによって津波や高潮による被害を完全に防ぐことはできないが、過去の経験からは、被害を軽くすることができることがわかっている。また平常でも海からの潮風を防ぐ効果がある。

■盛り土

土を盛ることで平らな土地を周囲よりも高くしたり、斜面やくぼ地を平坦にしたりすること。住宅地の造成では、斜面に盛り土をして平らにしたところに住宅を建設することが多い。土砂を積み上げただけでは地盤沈下や大雨による土砂災害、地震による液状化の危険があるため、地盤改良工事などが必要である。

■ライフライン

電気・ガス・水道・電話や、道路・鉄道など、人々の日常生活に必要な基本的な施設・設備やサービス。阪神・淡路大震災(1995年)以後、大都市での災害に関係して使われることが多くなった。たとえ災害による直接的な被害がなくて自分の生命や住宅が無事でも、ライフラインに異常が生じると、停電・断水や食料不足などの間接的な不都合が発生する。なおこの言葉は和製英語で、英語の本来の意味(命綱、救命ブイ)とは異なる。

■リアス海岸

山地が海に沈んでいって谷だったところが細長い湾となり、山の尾根だったところが細長い半島となったために海岸線が入り組んでいる地形。津波のときに湾の奥や半島の先端の岬では波高が大きくなるので、被害が大きくなりやすい。三陸海岸は日本の代表的なリアス海岸である。スペイン北東部のリアスバハス海岸の特徴によって名づけられた。

さくいん

 # さくいん

わかる！ 取り組む！
新・災害と防災

全5巻

①基礎②事例③対策の3段階で、自然災害の発生のしくみから被害、取り組みまでを体系的に整理！
読者が自然災害を正しく理解し、「自分ごと」としてとらえて備えられるように構成しました。

1巻 地震

掲載事例：熊本地震、阪神・淡路大震災、関東大震災、北海道胆振東部地震など

2巻 津波

掲載事例：東日本大震災、南海トラフ地震による津波（シミュレーション含む）

3巻 火山

掲載事例：雲仙普賢岳、御嶽山、桜島、有珠山、富士山など

4巻 豪雨・台風

掲載事例：平成30年7月豪雨、令和元年東日本台風、鬼怒川水害、伊勢湾台風など

5巻 土砂災害・竜巻・豪雪

掲載裏例：広島土砂災害、荒砥沢地すべり、つくば市の竜巻、2022年札幌大雪など

■ 5巻セット（分売可）
17,600円（本体16,000円＋税）

■ 各巻
3,520円（本体3,200円＋税）

■ AB判

■ 平均56ページ

監　修 ● 今村　文彦（東北大学 教授）

執　筆 ● 今村　文彦（東北大学 教授）
（執筆順）
　　　　　佐藤　翔輔（東北大学 准教授）
　　　　　サッパシー　アナワット（東北大学 准教授）
　　　　　日野　亮太（東北大学 教授）

執筆協力 ● 片田　敏孝（東京大学 特任教授）
　　　　　阿部　任（公益社団法人 3.11 メモリアルネットワーク）

アクティビティ
監修 ● 矢守　克也（京都大学 教授）

写真・
資料提供 ● 朝日新聞社／アフロ／ EPA ／磐田市／岩手県建設業協会／岩手大学 地域防災研究センター／浦山文男／ AFP ／ ESRI ジャパン／ NHK ／大阪歴史博物館／片田敏孝／
木下真一郎デザイン事務所／高知県／高知市／国土交通省／国土交通省 東北地方整備局／国土交通省 東北地方整備局 釜石港湾事務所／国土地理院／ Cynet Photo ／
酒田市／佐藤翔輔／ 3.11 メモリアルネットワーク／時事通信フォト／四万十町／写真企画／仙台市／東海大学情報技術センター (TRIC) ／東北大学 津波工学研究室／徳島
県危機管理環境部 とくしまゼロ作戦課 事前復興室／内閣府／日本損害保険協会／文化印刷／ポプラ社／毎日新聞社／宮古市／保田真理／山田町／ USGS ／読売新聞／
ロイター／亘理町
p.46-47 の「クロスロード」は、チーム・クロスロードの著作物で、登録商標です。「クロスロード」:商標登録番号 4916923 号、「CROSSROAD」:同 4916924 号。詳しくは、
矢守克也・吉川肇子・網代剛『防災ゲームで学ぶリスク・コミュニケーション：クロスロードへの招待』(ナカニシヤ出版) などを参照ください。

制作協力 ● 株式会社エディット

　　　　　この本はおもに 2023 年 12 月現在の情報で作成しています。

わかる！　取り組む！
新・災害と防災
2 津波

2024年 2 月 5 日　印刷
2024年 2 月10日　初版第 1 刷発行

編集者　帝国書院編集部
発行者　株式会社　帝国書院
　　　　代表者　佐藤　清
　　　　〒101-0051　東京都千代田区神田神保町3-29
　　　　電話03（3262）4795（代）
　　　　振替口座　00180-7-67014
　　　　URL　https://www.teikokushoin.co.jp/
印刷者　小宮山印刷株式会社
©Teikoku-Shoin Co., Ltd.2024 Printed in Japan
ISBN　978-4-8071-6700-5　C8325
乱丁、落丁がありましたら、お取り替えいたします。